21세기 중국어문법

21세기 중국어문법

한 용 수
허 세 립   공저

 선학사

21세기 중국어문법

1판 1쇄 발행   2002년 7월   5일
2판 1쇄 발행   2020년 3월 20일

저   자   한용수 · 허세립 공저
펴 낸 이   이찬규
펴 낸 곳   선학사
등록번호   제10-1519호
주   소   경기도 성남시 중원구 사기막골로 45번길 14
           A동 1007호
전   화   (02) 704-7840
팩   스   (02) 704-7848
e-mail   sunhaksa@korea.com

값 13,000원

ISBN 978-89-8072-263-1   93720

| 이 책을 쓴 사람 |

한용수(韓容洙)는 光州出生으로 동국대학교 중어중문학과를 졸업하고, 中国 延边大学 汉语系 석사(전공 : 现代汉语)를 마치고, 上海师范大学 中文系에서 박사학위(전공 : 现代汉语) 후 전주대학교 중국학과 전임강사를 거쳐 현재 동국대학교 중어중문학과 교수로 재직중이며, 中国 上海师范大学 客座教授와 上海师范大学 语言研究所 研究员(兼)으로 활동 중이다.

저서:《汉语情景会话》(공저),《新闻听力入门》(공저),《中国少数民族婚俗彔》(공저)《211중국어회화 I 》(공저),《21세기중국어》(공저),《中朝韩日通用字典》(공저),《现代汉语八百词》(역서)

논문 :〈半封闭性词的功能分析〉외 다수

허세립(许世立)은 中国 吉林省 通化 出生으로 中国 延边大学 汉语系를 졸업하고 延边大学 汉语系 석사학위(전공 : 现代汉语)를 마치고, 동국대학교 대학원에서 박사학위 후 중국 광동성 주하이에 있는 길림대학 한국어과에서 교수로 재직하고 있다.

저서 :《汉语文》제11권, 제12권 (중국국정교과서 : 1998年 중국 9년의무교육한어문교과서 3등상 수상),《2500常用汉字用法词典》(공저),《朝中俗语分类词典》(공역),《公共关系语言》(공저)

논문 :〈인적커뮤니케이션에서의 언어정보 전달에 관한 거시적 통제〉외 다수

| 21세기 중국어문법을 출판하며 |

　유난히도 더웠던 올 해 5월은 중국어문법 책 탈고를 위해 씨름을 했다. 이 책의 출판을 위해 허세립 선생님과 오랜시간 토의를 하고 논의 과정을 거쳐 내용을 선별하고 준비를 했는데, 중국에서 다년간 중국어 교재를 연구하고 계신 허 선생님의 고견은 이 책 내용을 구성하는데 큰 힘이 되었고 서로의 교학 경험으로 많은 부분에서 학생들이 필요로 하는 부분이 어떤 내용이며, 그 문제를 어떻게 해결하는가 하는 부분에서 노력을 기울였다. 그러나 원고를 준비하며 마주친 어려움은 역시 명칭술어를 우리말로 옮기는 작업이었다. 가능하면 그 뜻을 전하기 위해 대응할 수 있는 언어를 찾으려고 노력하였으나, 또 다른 어려움으로 내용 중에 대부분은 한자를 그대로 채용한 것도 있다. 그리고 가능한 우리는 우리가 명명한 어휘를 통해 그 내용을 파악할 수 있도록 하기 위해 다른 외국어에서 사용하는 명칭도 차용했다. 물론 이것은 여러 검증을 거치지 않았으나 중국어문법의 이해를 위해 우리는 이렇게 결정했다.

　이 책의 구성은 다음과 같다. 기초편과 활용편으로 나누어 기초편에서는 문법의 기본적 이해를 하여 활용편에서 완성을 할 수 있도록 하였다. 기초편에서는 실사와 허사로 나누어 품사를 개괄하는데 실사와 허사의 범위를 각각 6개씩 나누어 설정했다. 그리고 문장성분과 복문을 설명하여 문장의 구조를 살펴볼 수 있게 편성하였으며, 활용편에서는 39종의 내용을 선택하여

기초편의 내용을 보완하기 위해 그 내용 설명에 있어서 일부는 더 상세한 내용으로 보완하였다.

이 책의 내용으로 모든 중국어문법 영역을 소화할 수는 없을 것이다. 그러나 최소한 이 책을 통해서 문법을 정리하여 중국어문 독해와 회화 등 고급 능력을 배양하는데 부족함이 없도록 구성했다.

이 책은 너무 짧은 시간에 준비를 하다 보니 너무 많은 부분에서 부족함을 느낀다. 항상 책을 쓸 때면 부족분과 오류 발생을 위해 최소화하려고 노력하지만 이번 역시 생각 속에 계획을 둘 뿐이었다. 이제 여러 독자에게 내놓았으니 여러 분의 고견과 조언으로 다음 수정본을 계획하고자 한다.

본 저서는 2001년도 동국대학교 저서 연구비 지원으로 이루어졌으며, 여러 어려움이 있음에도 이 책의 출판을 흔쾌히 동의해 주신 선학사 이찬규 사장님께도 진심어린 감사한 마음을 전한다.

2002년 6월 목멱산 기슭에서

| 목 차 |

기초편

활용편

기초편

제1장 │ 실사와 허사

　　단어는 형태소에 의해 구성되었다. 품사는 단어의 어법분류인데, 단어의 어법기능과 어휘의미에 근거하여 분류한다.

　　단어의 어법기능은 주로 단어의 조합능력을 말하는데, 단어결합이나 문장 중에서 문장성분이 될 수 있는가, 그리고 어떤 문장성분이 되는가, 또한 문장을 구성할 수 있는가를 가리킨다. 예를 들면, '三张桌子'와 같이 '桌子'는 수량을 나타내는 단어와 결합할 수 있다. 정도를 나타내는 '很'과는 결합할 수 없어 '很桌子'라고 할 수 없다. 이것이 곧 '桌子'라는 단어와 다른 단어의 조합능력이다. '桌子'는 단어결합이나 문장의 성분이 될 수 있다. 예로, '桌子坏了。'에서는 주어, '同学们擦桌子。'에서는 목적어, '桌子的颜色'에서는 한정어로 쓰였고, '桌子' 등과 같이 단독으로 문장을 이루 수도 있다.

　　단어의 어휘의미는 그것의 개념적인 의미를 가리키는 것이 아니라, 추상적인 분류의미를 가리키는 것이다. 예를 들면, 어떤 단어는 사람이나 사물의 명칭을 나타내고, 어떤 단어는 동작, 행위, 존재, 변화를 나타내고, 어떤 단어는 사물의 형상이나 성질 또는 상태 등을 나타내는 따위가 있다.

　　동일한 어법기능과 동일한 뜻을 가진 단어는 같은 종류의 품사를 구성하는데, 다른 어법기능과 단어의미에 따라 단어는 크게 실사와 허사 두 종류로 나눈다.

실사는 실제 뜻을 나타내며, 어순으로 직접 조합하는 수단이 될 수 있고, 또는 허사조합에 도움을 주며, 단어결합이나 문장 성분이 될 수 있다. 예를 들면, 주어, 술어, 목적어 등이다. 그리고 일정한 언어 환경에서는 독자적으로 문장을 이룰 수 있는데, 예를 들면, '山'이라는 이 실사는 어떤 사물의 명칭을 나타내고, 다른 실사와 함께 어순으로써 직접 조합하는 수단이 된다. 예를 들면, '高'와 조합하여 '高山', '山高'를 만들 수 있다. 단어결합이나 문장 성분이 될 수도 있는데, 예를 들면, '山很高'에서는 주어로, '翻过这座山。'에서는 '这座'와 함께 목적어를 이룬다. 일정한 언어환경에서 어조를 추가하여 "山!" 하면 문장이 될 수 있다.

실사는 명사, 동사, 형용사, 수사, 양사, 대명사 등 여섯 가지로 분류할 수 있다.

허사는 일반적으로 실제의 뜻을 나타내지 않는다. 단어결합이나 문장 성분이 되지 못하며, 일반적으로 독자적으로 문장을 이룰 수도 없다. 허사의 기본용도는 어법관계를 나타내는것이다. 예를 들면, '和'라는 허사가 '工厂', '商店'과 조합하면, '工厂和商店'이 되며, '工厂'과 '商店'은 병렬관계가 된다. '的'라는 허사가 '工厂', '商店'을 조합하면, '工厂的商店'이 되어, '工厂'과 '商店'은 수식관계가 된다. '和'와 '的'는 모두 문장성분이 되지 못하며, 객관적인 사물의 실제적인 뜻을 나타내지도 않는다.

허사는 부사, 전치사, 접속사, 조사, 감탄사, 의성사 등 여섯 가지로 분류할 수 있다.

실사와 허사의 어법기능과 어휘적 의미의 다른 점은 상대적이라는 것이다. 실사에 추향의 의미를 나타내는 어떤 동사들은 때때로 문장 안에서 실제적 의미가 없이 쓰이는 경우도 있다. '他的脸红起来了。'에서 추향동사 '起来'는 단지 상태를 나타낼 뿐이다. 허사에서 어떤 단어들 예를 들면, 부사는 상황어가 될 수 있다. 예, '都去', '很好'등. 부사 중 극히 일부는 '好得很', '美及了'에서와 같이 보어가 될 수도 있다. 또한 어떤 부사들의 의미는 비교적 실재적인데, 예를 들면, '一定, 马上, 忽然, 渐渐' 등이 그렇다. 감탄사와 의성

사 중에도 실사 같은 어법기능을 가진 단어들이 있는데, 한정어와 상황어가
될 수 있으며, 또한 다음과 같이 단독으로 문장을 이룰 수 있다.

"啊!", "轰隆!"

제2장 │ 실사와 그 용법

제1절 명사

명사는 사람이나 사물의 명칭을 나타내는 단어이다. 소위 사물은 그 범위가 매우 광범위한데, 구체적인 사물 뿐만 아니라 추상적인 사물까지도 그 대상으로 삼는다. 명사가 사람이나 사물의 다른 상황을 나타내는 것에 따라 다음과 같이 분류한다.

1. 종류

1) **보통명사** : 일반 사물이나 어떤 부류의 사람을 나타낸다.

机器	黑板	象棋	教室	工厂
牛	羊	马	白菜	松树
工人	农民	战士	教师	学生

2) **고유장소명사** : 특정한 사람이나 사물을 나타낸다.

希丁克	鲁迅	雷锋	中国	加拿大
北京	上海	长江	黄河	秦山

3) **추상명사** : 추상적인 관념을 나타낸다.

精神	道德	观念	思想	品质
文化	教育	风气	传统	人生

4) **시간명사** : 시간을 나타낸다.

现在	去年	明天	上午	星期一

5) **방위사** : 방향, 위치를 나타낸다.

上	下	前	后	东	西
以上	以下	前头	后头	东边	西边

2. 특징

1) 명사는 수량 단어결합의 수식을 받을 수 있다(방위명사는 제외). 서로 다른 사물의 명사를 표시할 때는 각각 다른 양사를 사용해야 한다.

一条河　两头牛　三座山　四所学校
五位老师　一个星期日

2) 사람을 나타내는 보통명사는 그 뒤에 '们'을 붙이면 복수가 된다. 예로, '同学们', '朋友们'이 있다. 그러나 '们'을 붙인 후에는 복수를 나타내는 수량구의 수식을 받을 수 없다. 예로, '三位同学们', '两个朋友们'이라고 할 수 없다.

3) 직접 명사의 수식을 받기도 하고, 또한 직접 명사를 수식할 수도 있다.

汉语语法　语法教材　钢铁工人　工人宿舍
国民经济　经济政策　技术干部　干部队伍
业余学校　学校老师

4) 일반적으로 부사의 수식을 받을 수 없다. 예로, '不学生', '很书', '都桌子'라고 할 수 없다.

5) 명사는 문장에서 주로 주어, 목적어, 한정어의 역할을 한다.

<u>我们</u>爱<u>老师</u>。
<u>数学</u>老师是<u>北京人</u>。

6) 소수의 명사는 술어 또는 상황어로 될 수도 있다.

今天<u>星期天</u>。
我们<u>上午</u>讨论这个问题。

7) 명사에서 방위사는 비교적 특수하여 여기에 소개하는데, 그중 하나는 단순방위사이다.

东	西	南	北	中	上	下
左	右	前	后	里	外	旁
内	间					

다른 하나는 합성방위사이다. 이것은 단순방위사의 뒤에 '边', '面', '头', '方'을 붙이거나, 앞에 '以', '之'를 조합하여 이루어진 것이다. 합성방위사에는 주로 아래와 같은 것들이 있다.

东边	西边	南边	北边	上边	下边
左边	右边	前边	后边	里边	外边
东面	西面	南面	北面	上面	下面
前面	后面	里面	外面		

东头	西头	南头	北头	上头	下头
里头	外头	前头	后头		
东方	西方	南方	北方		
上方	下方	前方	后方		
以东	以西	以南	以北	以上	以下
以前	以后	以内	以外		
				之上	之下
之前	之后	之内	之外	之中	之间

　이외에도 '底下', '跟前', '当中', '其中', '中间', '一旁', '一边' 등도 합성방위사이다. 단순방위사가 대거(对举)방식으로 구성한 '上下', '前后', '左右', '里外'도 모두 합성방위사에 속한다.

　방위사를 명사의 범주에 넣은 이유는, 어휘의 의미면에서 보면, 방위사는 공간(방향과 상대적 위치) 개념을 나타낼 수 있다. 어법기능면에서 보면, 방위사는 주어, 목적어, 한정어 등의 역할을 할 수 있다. 예로, '外面静悄悄的。'('外面' : 주어), '他注视着外面。'('外面' : 목적어), '外面的世界。'('外面' : 한정어). 그러나 일반명사와 비교할 때 방위사는 어법기능 특징이 있는데, 이는 활용편에서 설명한다.

제2절　동　사

　동사는 동작, 행위, 존재, 변화, 심리활동 등의 의미를 나타내는 단어부류이다. 동사의 수량은 매우 많아 용법 역시 비교적 복잡하다. 동사를 다른 뜻과 용법에 근거하여 아래와 같이 몇 가지로 분류할 수 있다.

1. 종류

1) 동작행위를 표시

看	说	笑	唱	跳	飞
劳动	休息	团结	认识	安慰	研究

2) 발전변화를 표시

增加	减少	扩大	缩小	提高	降低

3) 심리활동을 표시

爱	恨	怕	想	希望	喜欢	回忆

4) 존재, 출현, 소실 등을 표시

存在	出现	消失	死亡	停	丢

5) 명령 표시

叫	让	派	请	使	要求	命令	禁止

6) 능원동사는 일반 동사나 형용사 앞에서 가능성, 필요성, 당연함, 소원 등을 나타낸다.

能	能够	会	可以	应该	应当
要	愿意	需要	肯	敢	情愿

7) 추향동사는 동작의 추향, 또는 상황을 나타낸다.

上	下	来	去	进	出	过
上来	下去	过来	起来	进去	出去	回去

8) 판단 표시(판단동사)에는 "是"가 있다.

2. 특징

1) 대다수의 동사는 목적어를 가진다.

我们去文具店买钢笔。
我们能做成这么好的气垫船, 真了不起。

소수의 동사는 목적어를 가질 수 없는데, 다음과 같은 것이 있다.
游行, 休息, 诞生, 开幕, 竞赛, 前进 등.

2) 동사 뒤에는 동태조사 '着, 了, 过' 등이 올 수 있는데 동작, 행위, 성질과 형상의 발전변화 상황을 나타낸다. '着'가 있으면 동작 진행이, '了, 过'가 있으면 동작이 이미 완료된 것을 나타낸다.

读着这本小说。
读了这本小说。
读过这本小说。

3) 동사는 중첩할 수 있는데, 단음절 동사의 중첩형식은 'AA', 'A了A', 'A一A'이고, 이음절 동사의 중첩형식은 'ABAB'이다.

看 --- 看看 --- 看了看 --- 看一看
学习 --- 学习学习

정반중첩 형태로 의문을 나타내는 데 사용할 수 있다.

看不看?   去不去?   讨论不讨论?

4) 동사는 주로 술어가 된다.

老师<u>提问</u>。
学生<u>回答</u>。
太阳<u>出来</u>了。

동사는 술어가 되는 것 이외에, 주어, 목적어, 한정어, 보어 등의 성분을 이룰 수 있다.

<u>去</u>是应该的。 (주어)
我希望<u>去</u>。   (목적어)
<u>去</u>的人不少。 (한정어)
他向操场走<u>去</u>。 (보어)

제3절 형용사

형용사는 사람, 사물의 형상, 성질 또는 동작, 행위, 발전, 변화의 상태를 나타내는 단어부류이다.

1. 종류

1) 형상을 나타내는 것

大	小	圆	粗	高	低
宽	窄	魁梧	平缓	崎岖	笔直

2) 성질을 나타내는 것

好	坏	冷	热	酸	软

| 聪明 | 朴素 | 老实 | 正确 | 勇敢 | 特殊 |

3) 상태를 나타내는 것

| 快 | 慢 | 忙 | 急 | 稳 |
| 流利 | 迅速 | 轻松 | 严肃 | 紧张 |

2. 특징

1) 부사의 수식을 받는다.

很好　　最勇敢　　非常热烈

2) 형용사는 중첩할 수 있고, 중첩 후 정도가 더 심해진 것을 나타낸다. 형용사의 중첩형태는 동사와 같지 않다. 다음은 그 중첩 형태를 대조한 것이다.

동사 :

　　단음절형태 : AA(두 번째 음절은 경성)

　　　　　　看看, 走走

　　이음절형태 : ABAB

　　　　　　讨论讨论, 研究研究

형용사 :

　　단음절형태 : AA(的)(두 번째 음절은 얼화 후 1 성 또는, 원 성조로 읽음)

　　　　　　高高(的), 深深(的)

　　이음절형태 : AABB

　　　　　　恭恭敬敬, 明明白白

3) 형용사는 주로 한정어와 술어가 된다.

老师是辛勤的园丁。(한정어)
小屋干干净净的。 (술어)

상황어와 보어가 되기도 한다.

桥墩稳稳地托住桥身。(상황어)
要把敌人消灭干净。 (보어)

형용사도 주어, 목적어가 된다.

骄傲使人落后。　　(주어)
他喜欢热闹。　　　(목적어)

3. 명사, 동사, 형용사의 문법 특징 비교

1) 명사와 동사, 형용사 비교

문법특징	명사	동사,형용사
'不'의 수식	불가능	가능
수량단어 결합의 수식여부	가능	불가능
문장성분 역할	주어,목적어,규정어	술어
중첩가능	일반적으로 불가능	대부분 가능
정반중첩형태로 의문표시여부	불가능	가능

2) 동사와 형용사 비교

문법특징	동사	형용사
목적어동반여부	대부분 가능	불가능
'很'의 수식	대부분 불가능	대부분 가능
중첩형태(이음절)	ABAB	AABB

제4절 수 사

수사는 수를 나타내는 단어이다. 수사는 기수(基数), 서수(序数), 분수(分数), 소수(小数), 배수(倍数)와 대략수(概数) 등으로 나뉜다.

1. 종류

1) 기수

수가 얼마인가를 표시하는 수사이며 단순 수사와 복합 수사로 나뉜다. 단순 수사는 一, 二, 三, 四, 五, 六, 七, 八, 九 이며, 복합수사는 단순수사에 十, 百 千, 万, 亿 등의 위수사(位数词)가 더해져 이루어진 형태이다. 예를 들면, 十三, 三十, 一百三十, 三千七百三十三, 八万两千七百八十二 등이고, 이것 외에 '0'도 기수에 포함된다.

아래에 열거한 것과 같이 숫자 가운데가 빈 수인 '0'이 있는 경우, 최고 단위가 '亿, 万'이면, '亿, 万'을 읽어야지 그냥 지나치면 안된다.

　　1,500,000,041 → 十五亿零四十一

　　99,023 → 九万九千零二十三

2) 서수

순서의 숫자를 표시하며, 기수 앞에 '第'가 첨가된 형태이다.

　　第一　　　第二　　　第一百零八

습관적인 표시법으로 '头一回', '初三', '末一次'등이 있고, 조직기구, 건물 층수, 친척항렬, 날짜 등을 나타낼 때 서수를 쓰지 않고 직접 기수를 사용한다.

一车间　　二车间　　一班　　　二班

一楼　　　二楼　　　一层　　　二层

大哥　　　二哥　　　三哥

一月　　　二月　　　一九九九年

3) 분수

분수는 몇 분의 몇으로 표시하는데, 이 때의 앞 숫자는 분모이고, 뒤는 분자이다.

$$\frac{3}{4} \rightarrow 四分之三 \qquad \frac{9}{10} \rightarrow 十分之九$$

분수 앞에 정수가 있으면 몇과 몇 분의 몇으로 읽는다.

$$1\frac{3}{4} \rightarrow 一又四分之三 \qquad 2\frac{9}{10} \rightarrow 二又十分之九$$

백분율은 분모가 백인 분수를 말한다.

70 % → 百分之七十　　　103 % → 百分之一百零三

분수는 구어에서 '几分', '几成'을 사용하여 나타낸다.

十分之六(또는 百分之六十)　　　六分, 六成

4) 소수

소수를 읽을 때 소수점을 '点'으로 읽는다.

0.8 → 零点八　　　3.1427 → 三点一四二七

5) 배수

배수는 숫자 뒤에 '倍'를 사용한다. 예를 들면, '三倍', '五倍' 등이다. 두 숫자를 서로 비교할 때 '…보다 크다'와 '증가하다'에 배수를 사용한다. 예, '十是五的两倍.' 두 숫자를 비교하여 '…보다 작다'와 '감소하다'는 배수를 쓰지 않고 분수로써 나타낸다. 원래 숫자가 '10'에서 '5'까지 줄었다면, '减少了5/10' 또는 '减少1/2'로 나타내며, '减少一半' 또는 '减少了50%'라고도 한다.

6) 대략수

정확한 숫자가 아니라 대략이나 근사값을 표시하며, 일반적으로 아래와 같은 방식으로 표시한다.

(1) '几'를 사용한다.

最近忙了几天。
前天来了几个人。

(2) '两'을 사용하여 수가 많지 않음을 나타낸다.

我来说两句。
过两天再去一趟。

(3) 기수 뒤에 '来', '多', '把', '几', '左右', '上下', '以上', '以下' 등 개수를 나타내는 말을 더한다.

三十来(岁)	二十多(天)	百把(人)	十几(个)
一千左右	一万左右	一万上下	一百以上
二十以下			

(4) 수사 '十', '百', '千', '万' 앞에 '成', '上', '小', '近'을 더한 경우

| 成千(人) | 上万(斤) | 小三十 | 近亿 |

(5) 연이은 수사 두 개를 사용한다.

三四十(个)　　七八千(人)　　十六七(次)　　两三(年)

三五(天)　　千几八百

2. 특징

1) 항상 양사와 수량구를 구성한다.

一只　　三斤　　两趟　　二十五本

2) 계산을 나타내는 문장에서 수사는 단독으로 주어, 목적어로 쓰인다.

十是二的五倍。(주어)　　二乘五等于十。(목적어)

제5절 양 사

양사는 사람, 사물, 동작, 행위 등 양을 나타내는 단위사이며 사물양사와 동량사 두 종류로 나뉜다.

1. 종류

1) 사물양사
사람과 사물의 양의 단위를 나타내며 아래와 같은 종류가 있다.

(1) 개체양사
개체사물의 단위를 나타낸다.

个　　只　　条　　张　　件

间	颗	粒	头	座

(2) 집합양사

두 개 이상의 개체사물로 구성된 사물의 단위를 나타낸다.

双	群	副	套	班
组	伙	类	帮`	批

(3) 도량형양사

도량형의 계산단위를 나타낸다.

丈	尺	寸	升	斗
斤	两	吨	亩	顷

(4) 임시양사

일부 명사나 동사를 빌어 양사로 쓴다.

杯(一杯水)	车(一车柴)	筐(一筐苹果)
挑(一挑水)	捆(一捆书)	抱(一抱干柴)

2) 동량사

동작행위의 단위를 나타낸다. 동량사의 수량은 비교적 적으며, 두 종류로 나뉜다.

(1) 양사로 만 쓰이는 것.

遍	回	阵	顿	番
遭	次	趟	下	

(2) 차용한 것으로, 차용한 양사는 원래 명사인데 임시 양사로 사용한 것 이다.

脚(踢一脚)   眼(看一眼)   刀(切一刀)
拳(打一拳)   棍子(吃一棍子)
天(走了三天)   星期(玩了一星期)

사회가 발전함에 따라, 전문적 계산에 사용하는 복합양사가 나타났다.

架次 : 비행 출동 횟수와 그 수의 합을 구할 때 사용.

一架飞机飞行一次叫一架次。

三架飞机飞行五次叫十五架次。

人次 : 사람 수와 그 수의 총 합을 구할 때 사용.

三十人出现十次叫三百人次。

吨公里 : 육상 운송의 중량 단위인 톤 수와, 거리 단위(Km)의 계산단
위.

四吨货物运行一千公里叫四千吨公里。

2. 특징

1) 양사는 일반적으로 단독으로 사용되지 않고, 항상 지시대명사 '这',
'那', '哪' 또는 수사와 함께 사용한다.

这个   那个   哪个
这趟   那趟   哪趟

수사와 함께 구성된 수량구를 일반적으로 수량사로 부른다.

一个   两种   五本   三斤   四元
一次   两回   五趟   三遍   四顿

수량구는 문장 성분이 될 수 있다. 사물을 나타내는 수량구는 일반적
으로 규정어로 쓰인다.

东边又飞起(一只)美丽的大蝴蝶。

鲁迅的书桌上刻着(一个)'早'字。

사물을 나타내는 수량구는 주어, 목적어로도 될 수 있다. 하지만 그것이 가리키는 사물은 일반적으로 앞 문장에서 나타난 것이어야 한다.

我有两个哥哥, 一个是工人, 一个是教师。(주어)

六个苹果吃了三个。 (목적어)

동량사로 구성된 수량구는 일반적으로 보어로 쓰인다.

突然喀嚓一声, 冰破了, 一个孩子惊叫一声, 掉进了冰窟窿。

去年他到中国去了一趟。

동량사로 구성된 수량구는 상황어로도 쓰일 수 있다.

我一把拉住他。

他一刻也不肯休息。

2) 양사는 일반적으로 중첩할 수 있고, '매', '각', '…마다' 등의 뜻을 나타낸다. 중첩 후의 양사는 주어로 쓰일 수 있다.

个个都是英雄好汉。

场场客满。

수량구도 중첩될 수 있는데, 명사 앞에 쓰이면 수량이 많음을 나타내고, 동사 앞에 쓰일 때는 '순서대로 진행하는 것'을 나타낸다.

一件一件衣服 ： 一件件衣服

一包一包地打开 ： 一包包打开

3. 사용 시 주의 사항

사물마다 서로 다른 양사를 가지며 동작행위 역시 서로 다른 동량사를 가지고 있다. 양사와 명사, 동사의 조합은 언어 습관에 맞아야 한다. 예를 들면, '一枝步枪', '一挺机枪', '一门大炮'에서 '枝', '挺', '门'은 서로 바꾸어 쓸 수 없고, '下了一阵雨', '吃了一顿饭', '去了一趟公园'중의 '阵', '顿', '趟' 역시 서로 바꾸어 쓸 수 없다.

제6절 대명사

대명사는 대체 또는 작용을 나타내는 단어를 가진 단어부류이며, 인칭대명사, 의문대명사, 지시대명사로 분류한다.

상용 대명사의 분류표

	인칭대명사	의문대명사	지시대명사	대체가능 품사
사람, 사물	我 咱 你 您 他 她 它 我们 咱们 你们 他们 她们 它们 自己 自个儿 别人 人家 大家 大伙儿 彼此	谁 什么 哪(些)	这(些) 那(些)	명사
장 소		哪儿 哪里	这儿 那儿 这里 那里	
시 간		几时 多会儿	这时 那时 这会儿 那会儿	
동작 성질과 형상 방식		怎样 怎么 怎么样	这么 那么 这样 那样 这么样 那么样	동사 또는 형용사
수 량		多少 几	这(么)些 那(么)些	수사(수량구)
정 도		多 多么	这么 那么	부사

1. 종류

1) 인칭대명사

인칭대명사는 사람이나 사물의 명칭을 대신하여 지칭하는 대명사이다.

「사용시 주의사항」

(1) 명확하게 지칭하고, 남용을 방지한다.

老王在路上遇见小李, 他紧紧地握住他的手, 问他近来的情况。

여기서 3 개의 인칭 대명사 '他'의 쓰임이 불분명하다. 누가 누구의 손을 잡은 것인지? 가리킴이 불분명하여 말의 의미 전달이 불명확하다.

(2) 인칭대명사가 총괄적 의미나 형식적으로 사용된 경우가 있는데, 이것은 실제로 어떤 특정인을 말하는 것은 아니다.

同学们你看看我, 我看看你, 谁也不先发言。

여기서 '你'와 '我'는 일반적으로 학우를 가리키는 것이지 특정한 한 사람의 학우를 말하는 것은 아니다.

这件事非搞他个水落石出不可。

여기서 '他'는 어기를 강조하는 작용을 하지 특정인을 지칭하는 것은 아니다.

2) 의문 대명사

의문 대명사는 의문을 나타낼 때 사용하는 대명사이다. 의문 대명사는 사람 또는 사물, 시간, 장소, 동작, 성질과 형상, 방식 등에 의문을 제기하거나, 대답을 요구할 때 사용한다.

你手里拿着什么?　　　拿着一本书。

(1) 용법

① 반어문이나 또는 감탄문에서 반문이나 강렬한 감정을 나타낼 때 사용
되며, 문장 끝에는 의문부호(?)나 감탄부호(!)가 사용된다.

他刚才还好好的, 怎么突然会病了呢?
你知道什么?

② 임의적인 것을 나타내는데 임의의 사람 또는 사물을 지칭하며, 부사
'都', '也'와 호응하여 쓰며 문장 끝에는 마침표(。)를 사용한다.

什么事情都瞒不住我。
初到这里, 我谁也不认识。

③ 구체적인 대상이 없고 불명확한 사람이나 사물을 지칭하며, 문장 끝
에는 마침표(。)를 사용한다.

我不想说什么。
看看我们到那里去玩玩。

3) 지시 대명사

지시 대명사는 지시하거나, 사람이나 사물을 구별하는 대명사이다. 가장
기본적인 지시 대명사는 가까운 곳에 있는 사람이나 사물을 표시하는 '这',
그리고 먼곳을 지칭하는 '那'가 있고, 기타 지시대명사는 모두 '这', '那'에서
파생된 것이다.

(1) 특수용법
① 총괄적인 지칭

看看这, 瞅瞅那, 已经到了11点。

② 임의의 것을 지칭.

你问这问那, 有完没完?

대명사의 문법적인 기능은 대체되는 단어이다. 예를 들면, 인칭 대명사의 문법 기능은 명사의 어법 기능과 거의 같다고 할 수 있다. 대명사는 일반적으로 다른 품사의 수식을 받지 않으며 문장 성분으로 될 수 있으며, 단독으로 문장이 될 수 있다.

제3장 | 허사와 그 용법

제1절 부사

부사는 동작 또는 성질과 형상의 정도, 범위, 시간, 빈도, 정태, 긍정, 부정, 어기 등의 뜻을 나타내는 단어부류이다.

1. 종류

1) 정도표시

很	挺	怪	更	最	太	极
非常	十分	特别	尤其	稍微	比较	格外

2) 범위표시

都	只	也	光	单	净	一共
仅仅	大半	统统	一概	单单	总共	

3) 시간과 빈도표시

| 正 | 刚 | 才 | 就 | 常 | 便 | 曾 |
| 立刻 | 刚刚 | 常常 | 往往 | 逐渐 | 终于 | |

4) 중복, 연속표시

| 又 | 还 | 再 | 一连 | 再三 | 连续 |
| 反复 | 不断 | 屡次 | 重新 | | |

5) 상태(상황)표시

| 猛然 | 忽然 | 欣然 | 居然 | 贸然 | 默默 |

6) 긍정표시

| 必 | 准 | 一定 | 必定 | 必然 | 的确 | 准保 |

7) 부정표시

| 不 | 没 | 没有 | 别 | 甭 |

8) 예측표시

| 大概 | 大约 | 似乎 | 也许 | 恐怕 | 几乎 |

9) 어기표시

| 却 | 偏 | 岂 | 偏偏 | 难道 | 简直 | 反正 | 果真 |

10) 방식표시

| 悄悄 | 暗暗 | 亲自 | 一齐 | 相互 |

'很', '简直', '立刻', '仅仅' 등은 하나의 의미 만 나타내는 부사이고, '还'는

여러 뜻을 나타내는 부사이다.

还没有来。　　（시간）
他比我还高。　（정도）
还要一碗。　　（중복）
你还是老师呢。（어기）

2. 다른 품사와 호응관계

부사는 다른 허사와 결합하거나 또는 앞뒤에서 호응하여 관계되는 작용을 할 수 있으며 일정한 어법관계를 나타낸다.

1) 부사와 부사의 호응

越做越好。

2) 전치사와 부사의 호응

连老师的话都不听!

3) 접속사와 부사의 호응

只有你说, 他才听。

4) 부사가 일반적으로 상황어로만 쓰인다.

(不)去　 (立即)去　 (刚刚)去
(很)好　 (十分)好　 (格外)好

'很'과 '极'와 같은 부사는 상황어 이외에 보어 역할도 할 수 있다. 예를 들어, '好得很', '热极了' 이러한 보어로 쓰이는 부사는 소수에 불과하다.

제2절 전치사

전치사는 명사, 대명사 또는 단어결합 앞에 쓰여 전치사목적어단어결합을 이루며, 시간, 장소, 방식, 대상, 목적 등을 나타낸다.

1. 종류

1) 시간 : 从, 自从, 到, 在, 当, 于

2) 장소 : 从, 自, 往, 朝, 向, 在, 由, 沿着, 顺着

3) 방식 : 按, 按照, 根据, 通过, 经过, 用, 拿, 以, 凭

4) 대상 : 对, 对于, 关于, 把, 给, 和, 跟, 同, 被, 由, 叫, 让

5) 목적 : 为, 为了, 为着

6) 비교 : 比, 跟, 同, 和

7) 제외 : 除了, 除开, 除去

2. 특징

전치사는 단독으로 문장을 이루지 못하고, 또 단독으로 문장성분이 될 수 없다. 전치사는 반드시 앞에 다른 단어나 단어결합으로 전목구를 구성한다.

把书　从上海　对热心事业的同志

현대 중국어 대부분의 전치사들은 고대 중국어의 동사가 虚化되어 온 것이다. 그래서 어떤것은 전치사로도 쓰이고 동사로도 쓰인다. 이런 유형에 속

하는 것은 '在, 比, 朝, 向, 给, 往, 由' 등이 있다.

[비교]

전치사	동사
他<u>在</u>家看书。	他正<u>在</u>家。
你<u>比</u>我高。	你不要和我<u>比</u>。
他<u>朝</u>东走。	这间房子<u>朝</u>东。
要<u>向</u>前看。	请<u>向</u>前一点。
你<u>给</u>我买份报。	你<u>给</u>我一份报。
<u>往</u>上冲!	你<u>往</u>天津, 我<u>往</u>上海。
这事<u>由</u>他负责。	这可<u>由</u>不了你。

제3절 접속사

접속사는 단어, 단어결합, 문절(分句), 문장을 서로 연결하는 역할을 하며, 다른 문장성분이 될 수 없다.

1. 형태상 특징 분류

1) 단어나 단어결합 만을 이어주고, 문절(分句)이나 문장을 이어줄 수 없는 것.

　和　　　跟　　　同　　　与　　　及　　　或

2) 문절(分句)과 문장 만을 연결하는 것.

　不但　　不管　　即使　　既然　　仮如　　尽管　　宁可

尚且	无论	要是	因为	与其	只要	只有
不过	然而	否则	何况	可是	但是	况且
从而	所以	因此	因而			

3) 단어와 단어결합 뿐만 아니라, 문절(分句), 문장도 연결할 수 있는 것.

| 并 | 并且 | 而 | 而且 | 或者 | 还是 |

4) 단독 또는, 두 개의 접속사가 서로 호응하기도 한다.

因为太阳离地球太远了, 所以我们看上去只有一个盘子那么大。

5) 부사와 호응하여 쓰인다.

只要在火上一烤, 字就会显现出来。

2. 내용상 분류

접속사는 각종 언어단위를 연결시킬 뿐만 아니라, 동시에 그 언어단위의 논리관계도 나타내는데 다음과 같은 것이 있다.

1) **인과관계** : 因为, 由于, 所以, 因此

2) **가설관계** : 仮如, 如果

3) **양보관계** : 即使, 即便, 哪怕, 尽管

4) **조건관계** : 只有, 只要, 不论, 不管

5) **병렬관계** : 和, 跟, 同, 与, 以, 及

6) **선택관계** : 或, 或者, 还是

7) **점층관계** : 并且, 而且

8) 전환 관계 : 但是, 可是, 然而, 而

제4절 조 사

조사는 단어, 단어결합, 문장에 첨가하여 일정한 구조관계, 부가의미나 어기를 나타내는 단어부류이다.

1. 종류

1) 구조조사

단어와 단어 또는 단어결합과 단어결합사이의 구조관계를 나타낸다. 상용 구조조사는 '的, 地, 得, 所, 似的' 등이 있으며, '的, 地, 得'는 구어에서 모두 경성(de)으로 읽는데 용법은 각각 다르다. '的, 地'는 그 앞의 언어단위가 뒤쪽의 언어단위를 수식함을 나타내는데, 두 단어 또는 단어결합 사이는 편정관계(수식관계)이다. 만약 뒤쪽에 명사 또는 명사구이면, '的'를 사용하여 앞에 있는 단어 또는 단어결합이 한정어임을 표시한다. 만약 뒤쪽에 동사, 형용사 또는 동사구가 오면 '地'를 사용하여 앞의 단어 또는 단어결합이 상황어임을 표시한다. 구조조사 '的'와 '地'는 한정어와 상황어의 표식이라고 할 수 있다.

'的'가 한정어 뒤에 오는 것

聰明的孩子　　今天的作業　　弟弟写的字

'地'가 상황어 뒤에 오는 것

爽快地答应了　　细细地看　　万分地高兴

'得'는 그 뒤의 언어단위가 앞의 언어단위를 보충을 나타내며, '得'는 보어의 표식이라고 할 수 있다.

说得透彻　　笑得直不起腰

'所'는 일부 동사 앞에 쓰여 '所+动'의 동사구를 이루어, 명사를 수식하는 데 쓰거나(뒤에 '的' 첨가), 명사를 대신한다(뒤에 '的'를 첨가한 것이 있고, '的'를 첨가하지 않은 것이 있다).

他所用的书包　　　　这个工厂所生产的产品
我所知道的就是这些　　果然不出所料

'似的'는 단어 또는 단어결합 뒤에 첨가하여 '像……一样'과 같은 뜻으로 쓰이며, 비유하거나 상황이 서로 비슷함을 설명할 때 쓰인다.

猛虎似的　　花园似的　　飞似的　　丢了魂似的

2) 동태조사

동사 또는 형용사 뒤에 첨가하여 동작, 행위, 성질과 상태의 발전 변화 상황을 나타낸다. 상용되는 동태조사는 '了, 着, 过'가 있다.

'了'는 동작이 이미 완성되었거나 어떤 상태가 이미 출현했음을 나타낸다.

老杨同志吃了早饭起程, 天不晌午就到了阎家山。
地上的火光已经暗了。

'着'는 동작이나 상태가 지속되고 있음을 나타낸다.

他用尽全力艰难地挪动着自己的身体。
在我的家里, 珍藏着一件白色的确良衬衫。

'过'는 어떤 동작이나 상태가 과거에 있었음을 나타낸다.

那天以后, 我俩再也没有见过面。
我问过许多那个时候到过无锡的人, 我也派人到无锡打听过。

동태조사 '过'와 추향동사 '过'는 모두 동사의 뒤에 위치하나, 서로 차이가 있다. 다음 '过'는 추향동사이다.

人民警察把一位盲人送过了十字路口。
飞机飞过了秦岭。

의미상에서 보면 동태조사 '过'는 과거의 경험을 나타내지만, 추향동사 '过'는 동작이 어떤 장소에서 지나감을 나타낸다. 어음면에서 보면 동태조사 '过'는 경성으로 읽고 추향동사 '过'는 4성으로 읽는다. 구조면에서 보면 동태조사 '过'는 단독으로 문장성분으로 될 수 없으나, 이 '过'는 '了' 또는 '着'로 대체할 수 있다. 추향동사 '过'는 보어로 쓰이며 '了' 또는 '着'로 대체할 수 없으나 동사 뒤에 '过'를 쓸 경우 동태조사 '了'를 첨가하여 사용할 수 있다.

3) 어기조사

어기조사는 어기를 나타내는 조사이다. 주로 문장 끝에 쓰이며, 문장의 중간에도 쓰일 수 있다. 상용 어기조사는 '的, 了, 吗, 呢, 吧, 啊'가 있다.
'的'와 '了'는 진술의 어기를 나타내고, '的'는 긍정이나 확신을 강조한다. '了'는 변화를 강조하여 설명하며, 어떤 상황이 이미 발생하였음을 강조한다.

她爸爸一定会打她的。
我是不能轻易地离开北京的。
病号都被感动得哭了。

现在得到机会了，可以问先生。

'吗'와 '呢'는 의문을 나타낸다.

小姑娘的天真的心灵, 不正像一朵含苞欲放的花蕾吗?
在黑夜里, 飞机为什么能安全飞行呢?

'吧'는 의문문에서는 예측, 추측을 나타내고 명령문(祈使句)에 사용될 때
는 재촉의 뜻을 나타낸다.

瞧那海面上露出一条大鱼的脊梁, 像一座小山, 那鱼该有十几丈长吧?
士兵们! 你们趁早投降吧! 胜利一定属于我们!

'啊'는 앞 음절의 운모의 영향을 받아 다른 어음 형식이 있다. 서면어에
서는 '啊, 呀, 哇, 哪' 등 다른 표기가 있다. '啊'는 각종 어기를 나타낼 수
있다.

我们可不能那样啊! （진술）
他到底来不来啊? （의문）
咱们得快点走啊! （재촉）
真是雷锋式的战士啊! （감탄）

제5절　감탄사

감탄사는 감탄, 탄식, 또는 부르거나 대답하는 소리를 나타내는 단어부류
이다. 그 예로, '啊, 哈, 唉, 哼, 嗯' 등이 있다.
감탄사는 일반적으로 독립적으로 사용되며, 문장을 구성한다.

唉! 可怜可怜我这善良的狗吧!

喂! 你们看看, 这台点播机的本领可大呢!

감탄사 마다 나타내는 감정이 다르다. 즐거움은 '哈', '嘻', 분노는 '哼', '呸', 탄식은 '唉', 부를 때는 '喂', '嗨', 대답을 나타낼 때는 '嗯', '嗳'을 사용한다.

제6절 의성사

의성사는 사물의 소리를 모방하는데 사용되는 단어부류이다. 그 예로, '砰, 当, 轰隆, 扑通, 劈劈啪啪, 叮叮当当' 등이 있다.

의성사는 단독으로 문장을 구성할 수 있다.

轰隆! 一颗炮弹在附近爆炸了。
"叮铃铃铃……", 忽然电话铃响了。

의성사는 때로는 문장성분으로 될 수 있는데, 주로 상황어와 규정어로 되며, 또한 술어와 보어로 되기도 한다.

상황어로 되는 것

墙上的钟滴嗒滴嗒地响。
他呼呼地睡得正香。

규정어로 되는 것

我躺着, 听船底潺潺的水声, 知道我在走我的路。
门外响起一阵噼噼啪啪的暴竹声。

술어로 되는 것

这几个青年妇女咬紧牙关，制止住心跳，摇橹的手并没有慌，水在两
旁大声地哗哗哗，哗哗，哗哗。

泉水叮咚。

보어로 되는 것

这一仗把敌人打得稀里哗拉。

제4장 | 문장성분과 문장구조

제1절   주어, 술어

1. 주어의 구성

주어는 체언성 주어와 용언성 주어로 나눌 수 있다. 체언성 주어는 명사, 수사, 명사성 대명사, 명사구 등 체언성 단어로 구성되는데 일반적으로 사람이나 사물을 가리킨다. 체언성 주어는 진술의 대상으로서 문장의 앞에서 '谁'나 '什么' 등의 물음에 답할 수 있다. 이런 종류의 문장을 명사주어문(名词主语句) 이라고 한다.

① 沙锅 / 可以炖豆腐。(명사)
② 前面 / 围着一圈人。(방위사)
③ 九 / 是三的三倍。(수사)
④ 明天这个时候, 我们 / 就可以走出戈壁滩了。(대명사)
⑤ 那 / 是个夏天的中午, 院子里 / 静悄悄的。(대명사, 방위구)
⑥ 今天晚上 / 特别冷。(편정구)

⑦ 顽强的毅力 / 可以征服世界上任何一座高峰。(편정구)

⑧ 一米 / 等于三尺。(양사구)

⑨ 观众们 / 在两旁, 一个个 / 看得眼花缭乱。(명사, 수량구중첩)

⑩ 他们几个 / 一阵风似地跑过来。(동위구)

⑪ 粮食、 棉花 / 丰收了。(연합구)

⑫ 他说的 / 是标准的普通话。('的'자문)

중국어의 주어(목적어도 포함)는 형태표식이 부족하며, 주어와 술어의 관계 또한 밀접하지 않다. 그래서 주어와 술어를 분석할 때 단지 형식적인 어순과 의미상의 진술과 피진술 관계 만으로 고려할 수 밖에 없다. 문장 앞에서 시간이나 장소를 나타내는 단어들도 진술의 대상이 될 경우 주어로 될 수 있다. 예를 들면, 예문 ②, ⑥과 예문 ⑤(院子里). 만약 동사 앞에 주체(施事)와 피주체(受事)의 명사가 놓여 진술의 대상으로 될 경우, 시간, 장소를 나타내는 단어는 곧 상황어가 된다. 즉, 예문 ④의 '明天这个时候'이다.

주어는 또한 용언성 단어(동사, 형용사, 용언성 대명사, 동사구, 형용사구)와 일부분의 주어구로 구성될 수 있는데 동작, 성질, 상태 또는 사건 등이 진술의 대상으로 된다. 이런 종류의 문장을 용언성주어문이라 한다.

笑/ 是具有多种意义的语言。(동사)

整齐/ 比不整齐好。(형용사)

"这样/ 行不行?", "这样/ 就好了。"(대명사)

信不信/ 由你。(동사연합구)

公正廉洁/ 是公职人员行为的准则。(형용사연합구)

拆台/ 比搭台容易得多。(동목구)

주어가 주술구로 구성된 문장을 주술주어문(主谓主语句)이라고도 부른다. 이런 문장은 술어의 조건에 대한 제한이 술어주어문과 비슷하다.

他不参加/ 也好。 (주술구)

老年人上大学/ 已经不是个新事儿了。(주술구)

2. 술어의 구성

술어는 일반적으로 용언성 단어로 구성되는데, 일정한 조건 아래서 체언성 단어도 술어로 될 수 있다. 이것은 주어의 구조와 상반된다. 술어의 주요 역할은 주어에 대해 서술, 묘사, 판단하는 것이며, 주어가 어떠한가, 무엇인가 하는 물음에 대답한다.

동사성 단어는 항상 술어가 된다. 앞 예문에서 알 수 있듯이, 동사가 술어로 될 때 일정한 형식이 필요하다. 즉, 동사의 앞에 또는 뒤에 일정한 성분이 있어야 한다. 동사가 단독으로 술어로 되자면 일정한 조건에 부합되어야 한다. 예를 들면, 대화에서 "你瞧!" 나 복문의 문절(分句)에서 특히, 선행문과 후속문에서("你来, 我就去!") 또는 대비, 배열문에서 단독으로 술어로 될 수 있다. 그렇지 않으면 일정한 어기조사나 동태조사(예를 들면 "春天来了")가 뒤에 놓여야 한다.

형용사성 단어도 자주 술어 역할을 한다. 형용사가 술어로 될 때도 일정한 조건에 부합되어야 하는데 동사가 단독으로 술어로 될 경우 일정한 제한을 받는 것과 마찬가지다.

체언성 단어는 술어로 쓰는 경우가 적으며, 일정한 조건의 제한이 있다.

明天清明节。鲁迅浙江绍兴人。

제2절 한정어

1. 한정어의 구성과 의미 분류

실사와 단어결합은 대부분 한정어로 될 수 있다.

> 冰雪世界　神奇色彩　男演员　一片绿洲
> 戴眼镜的老汉　人多的地方

한정어와 중심어의 의미 관계는 매우 다양한데, 크게 묘사성 한정어와 제한성 한정어로 나눌 수 있다. 묘사성 한정어는 주로 사람이나 사물의 모양이나 형태를 나타내며, 묘사성 한정어는 대부분 형용사나 형용사구로 구성된다.

> 青春气息　壮丽的故宫　绿油油的庄稼
> 弯弯曲曲的小河　如飞的火车

제한성 한정어는 주로 사물을 분류하거나, 범위를 규정하는 역할을 한다. 일반적으로 명사성 단어, 동사성 단어, 구별사(区别词) 등이 제한성 한정어로 쓰이는데 사람, 사물의 소유자나, 시간, 장소, 환경, 범위, 용도, 재료, 수량 등을 나타낸다.

> 烈日下的长城　冬季的阳光　林子里的光线
> 颐和园的湖光山色　石头房子　野生动物

2. 한정어와 조사 '的'

1) 단음절 형용사가 한정어로 될 때는 보통 '的'를 붙이지 않는다.

红花 绿叶 新课本 好主意

만약 '的'를 사용하면, 묘사를 더욱 강조하는 작용을 한다.

好的主意 新的课本

2) 이음절 형용사가 한정어로 될 때는 보통 '的'를 붙이는데 특히, 상태를 묘사하는 단어에 사용된다.

晴朗的天 干净的水 优良的传统

3) 단음절 명사가 한정어로 될 때는 반드시 '的'를 붙여야 한다.

水的深度 人的性格

4) 이음절 명사가 한정어로 쓰일 때 중심어가 단음절이면 일반적으로 '的'를 붙여야 한다.

大海的风 野地的花

5) 인칭대명사가 한정어로 될 때에는 종속 관계를 나타내는데 일반적으로 '的'를 붙여야 한다. 하지만 중심어가 국가, 집단, 회사, 정부, 친족 등의 명칭일 때 '的'를 붙이지 않을 수도 있다.

我们国家 你们学校 他弟弟

친족의 명칭이 단음절일 경우 '的'를 붙일 필요가 없다.

你爹 我哥 他叔

6) 동사가 한정어로 되는 경우는 두 가지가 있다. 하나는 중심어를 직접 수식하여 일종의 명칭을 나타내는 것으로 주로 요리와 관련된 동사에서 볼 수 있다.

活鱼　死狗　剩饭

그리고 '的'자를 쓰지 않아도 동목관계를 구성하지 못할 경우 동사 뒤에 '的'자를 사용하지 않는다.

压缩饼干　使用情况

또 다른 것은 일반적으로 '的'가 필요하고 경우에 따라서 반드시 필요로 하는 경우이다.

写的字　积累的经验

그리고 단어결합이 한정어로 될 경우 일반적으로 '的'자를 붙여야 한다.

제3절　상황어

1. 상황어의 구성과 의미 분류

부사 뿐만 아니라 시간명사, 능원동사, 형용사(특히 상태를 나타내는 형용사)도 상황어가 될 수 있으며, 전치사구, 양사구와 그 밖의 여러 단어결합들도 상황어가 될 수 있다.

冬天已经来了, 春天还会远吗?
你到底走不走?
不管那些陈年旧事, 你先把这个从头到尾看一遍。
我实在没有认真去考虑过。
农活, 我倒是老老实实的地干, 不干没饭吃。

我的侄女昨天从乡下来了。
昨天晚上，他一宿都没睡好，这腊月雪，一层层压满他心里。
她俩就像姐妹一样地亲热。

일반적으로 명사, 동사는 상황어가 되지 못하고, 동작의 방식과 수단, 상태를 나타낼 수 있는 명사, 동사 만이 직접적으로 동사를 수식하여 상황어가 될 수 있는데 그 수가 적다.

集体购票   电话购票   笑脸迎人   公费出国留学
现金支付   现钱交易   现场直播   批判継承

동사는 보통 단어결합을 이루어 상황어가 된다.

他一动不动地蹲在窗台下边老木匠不眨眼儿地等在车门旁。

상황어는 의미상 크게 제한성과 묘사성의 두 가지 종류로 나눌 수 있는데, 첫째, 제한성 상황어는 주로 시간, 장소, 정도, 부정, 방식, 수단, 목적, 범위, 대상, 수량, 어기 등을 나타낼 때 쓰인다. 둘째, 묘사성 상황어도 어법구조상 주로 서술어 성분을 수식하는데, 의미상 어떤 것은 동작의 상태를 묘사하여 용언성(谓词性)성분을 나타내기도 하며, 어떤 것들은 인물의 표정과 태도를 제한하거나 묘사하여 체언성 성분을 가리키기도 한다. 다시 말해, 의미상으로 용언성 단어만을 가리키는 것이 아니라 어떤 때는 체언성 단어(주어 및 목적어)도 가리킨다.

小李很高兴地对我说。(⇔ 小李很高兴, 他对我说。)
大冷天她脸上红朴朴地冒着热气儿。
她脸色阴沉地走了进来。
他在黑板上圆圆地画了一个圈。(⇔ 他在黑板上画了一个圆圆的圈。)
矮墙上又篷篷地长着狗尾草。

문장 안에서 상황어는 일반적으로 주어의 뒤쪽에 놓이는데 시간, 장소, 범위, 표정과 태도, 조건, 관련대상 또는 어기를 나타내는 상황어는 때때로 주어의 앞쪽에도 놓일 수 있다. 특히 '关于'에 의해 만들어진 전치사구가 상황어로 될 때는 문장의 맨 앞에 만 놓일 수 있다. 주어 앞에 놓이는 상황어를 문두(句首)상황어라 부르고, 주술구 또는 몇 개의 문절을 수식한다.

午后, 天闷得很, 风小得只勉强能摇动庄稼叶子。(두개의 문절 수식)
在回家的路上, 小伙子的眼睛像七月的枣儿一样红了圈。
事实上, 我心里一直有一座长城。
任何景物中, 她都能发现美。
对于一个朋友, 我是决不会刺伤他的自尊心的。
关于目前的形势, 我们已经做了详细的分析。
按这里的旧俗, 新娘要哥哥或弟弟背上车。

두 종류의 위치가 있을 수 있는 상황어가 문장 맨 앞에 놓일 때는 종종 특별한 작용을 하는데 상황어를 강조하거나, 위 아래 문장의 연결을 돕거나, 또는 상황어가 비교적 길거나 많아 문장 맨 앞에 놓이면 문장 구조를 치밀하게 할 수 있으며 문장의 뜻을 이해하는데 도움을 주기도 한다.

2. 상황어와 조사 '地'

조사 '地'는 상황어 표식이라 할 수 있다. 상황어 뒤에 '地'를 붙이는가 붙이지 않는가 하는 것은 대단히 복잡한 문제이다. 단음절 부사가 상황어로 되면 반드시 붙이지 말아야 하지만, 일부 이음절 부사는 '地'를 붙이는 것과 안 붙이는 것 모두 가능하다.

非常热　　非常地热

형용사 내에서 단음절 형용사가 상황어가 되는 경우는 비교적 적고, 대부분 '地'를 붙일 수 없다.

快跑　慢走　大干　苦练

다음절 형용사는 상당한 부분이 '地'를 붙이거나 붙이지 않아도 된다.

热烈讨论　热烈地讨论　仔细看了半天　仔细地看了半天
痛痛快快喝一杯　痛痛快快地喝一杯

그러나 다음절 형용사가 '地'를 붙일 수 없을 때도 있다.

不努力学习, <u>难免要落后</u>

다음절 형용사가 '地'를 반드시 붙여야 하는 경우도 있다.

轻巧地划着小船　亲热地问长问短　惊喜地走了

대명사, 시간이나 장소를 표시하는 명사, 능원동사, 방위구와 전목구가 상황어가 될 때 모두 '地'자를 붙이지 않는다. '地'를 붙여도 되고 붙이지 않아도 되는 것들은 일단 '地'자를 붙이게 되면 종종 의미를 강조하고 상황어를 뚜렷하게 하는 작용을 한다.

刚过S门, 然而车把上带着一个人, (慢慢)地倒了。
车夫毫不理会……却放下车子, 扶那老女人(慢慢)起来。
让我们张开双臂, (热烈)地拥抱这个春天吧!
(热烈)欢迎新同学。

3. 복합 상황어

상황어구 전체가 상황어에 더해지면 복합 상황어를 형성할 수 있다.

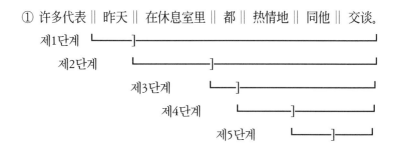

이 분석 순서도 복합 규정어의 분석과 같은데, 왼쪽의 상황어는 오른쪽 중심어를 수식하며 왼쪽이 오른쪽을 총괄하게 된다. 복합 상황어의 배열 순서는 고정적인 것이 아니어서, 어떤 때는 위치가 다르면, 의미도 달라진다.

都不去　　不都去

很不好　　不很好

복합 상황어의 어순 문제는 비교적 복잡한데 어느 종류가 앞에 위치하고, 어느 종류가 뒤에 위치하는 것은 서술어 내부의 논리 관계와 뜻을 나타내는 필요에 달려있다. 대체적인 순서는 이렇다: 조건, 시간, 장소, 어기, 범위, 부정, 정도, 상태.

위 예문 ①의 순서는 일반적인 상황을 나타낸 것으로 아래와 같다.

㉮ 시간을 나타내는 명사 (어떤 시간인지를 나타냄)

㉯ 장소를 나타내는 전목구 (어느 곳인지를 나타냄)

㉰ 범위를 나타내는 부사 (무슨 범위인지를 나타냄)

㉱ 상태를 나타내는 형용사 (어떻다는 것을 나타냄)

㉲ 대상을 나타내는 전목구(누구와 함께인지를 나타냄)

제4절 보 어

1. 보어의 구성과 의미분류

보어 앞의 중심어는 용언이다. 용언성단어(谓词性词语), 수량구, 전목구 등이 보어로 쓰일 수 있다. 용언성 단어가 보어로 될 경우 중심어 바로 뒤에 위치하는 경우와 '得'를 써주어야 하는 경우가 있다. 수량구, 전목구등이 보어가 될 경우에는 중심어와 직접 결합된다. 보어는 동작, 행위의 결과, 상태, 추향, 수량, 시간, 장소, 가능성이나 성질 상태의 정도 등을 설명할 때 사용된다. 다음 의미적 분류에 따른 보어의 구성에 대해 알아본다.

1) 결과보어
동작이나 행위발생의 결과를 나타내는데 중심어와의 관계는 인과관계이다. 일반적으로 형용사가 결과보어로 쓰이는데 일부 동사도 결과보어로 사용된다.

① 小草丛中, 吊钟花挂<满>了一排排紫色的铃铛。
② 这个字写<错>了。
③ 他很悲痛, 哭<肿>了眼睛, 心也哭<硬>了。
④ 踢球, 踢球, 一个月踢<坏>了三双鞋。
⑤ 这种病真折腾人, 人折腾<瘦>了, 家也折腾<穷>了。
⑥ 快到三峡的时候, 你可得叫<醒>我。

구조상 결과보어는 중심어와 매우 긴밀히 결합하여 그 사이에는 다른 성분이 낄 수 없으며 동태조사인 '了, 过'도 결과보어 뒤에 놓인다. 보어는 의미적으로 볼 때 중심어 만을 지향하는 것이 아니라 주어와 목적어를 지향하기도 한다.

⑦ 我们打赢了球。(赢了的是我们)

⑧ 我们打破了球。(破了的是球)

⑨ 我们打完了球。(完了的是 "打" 这个动作)

이 세 문장은 3가지 의미적 지향을 대표한다. 이것은 아래의 변환형식에서 확인해 볼 수 있다.

예문 ⑦의 변환형식은 : 我们打球, 我们赢了。

예문 ⑧의 변환형식은 : 我们打球, 球破了。

예문 ⑨의 변환형식은 : 我们打球, 打完了。

위의 분석에서는 단지 자주 볼 수 있는 상황에 대해서만 설명했지만 실제 문장에서는 더욱 복잡하다. 예를 들어 예문 ③에서 술어의 중심어인 '哭'는 자동사로서 보어인 '肿'과 목적어인 '眼睛'이 의미상의 관계가 있고, 세 번째 문절에서는 보어 '硬'과 주어 '心'이 의미상 관계가 있다. 보어의 의미가 주어, 목적어, 술어성 동사를 지향하지 않고 사람이나 사물을 范指하거나 또는 상하구문에 나타나는 것을 가리키는 경우도 있다.

'底度酒也会喝醉的。'

2) 정도보어

정도보어에는 '极, 很'과 실재적 의미가 없는 '透, 慌, 死, 坏' 등이 쓰이는데 최고점이나 매우 높은 정도에 도달했음을 나타낸다. 양사구인 '一些, 一点'도 가벼운 정도를 나타낼 때 쓰이기도 한다. 술어의 중심은 대부분 형용사이며, 很의 수식을 받을 수 있는 동사도 술어중심이 될 수 있다.

心里痛快极了。(반드시 '了'가 있어야 한다)

有一回天已经回透了。(상동)

这拦河坝坚固得很。(반드시 '得'가 있어야 한다)

这里闹得慌。 (상동)

这孩子讨厌死了。

一走进山沟，可把我乐坏了。

山那边的情况我熟悉，还是我去好一点。

정도보어는 부정형식이 없다.

3) 상태보어

동작, 性状으로 인해 나타나는 상태를 표시한다. 중심어와 보어 사이에는 조사 '得'가 사용된다.

那阵雨来得猛，去得快。

秋天来了，小树林的叶子变得殷红殷红的。

有些人对许多问题想得太简单，太浅。

讲的人讲得眉飞色舞，听的人听得津津有味。

他高兴得眼泪都流出来了。

때로는 보어 앞에 '得'를 쓰지 않고 '个, 得个'를 사용한다.

雨下个不停。

他说个没完。

打了个稀巴烂。

闹得个鸡犬不宁。

4) 추향보어

동작의 방향이나 사물이 동작에 따라 움직이는 방향을 가리킨다.

① 他跳上车子，一阵风似地扑来。

② 江岸和江心，闪起了航标灯。

③ 远处传来了脚步声。

④ 人们绝不轻易把生命交出去。

⑤ 所有的人都坚持下来了。

⑥ 一个中年人挨了过来, 把他的小母牛端详了一会。

동태조사인 '了'는 일반적으로 보어의 뒤에, 목적어의 앞에 위치하는데, 예 ②를 들수 있다. '了'가 보어의 앞에 위치할 때는 문장에 목적어가 출현하지 않는데 예 ⑥을 들 수 있다. 어떤 문장은 예문 ③과 같이 동사와 목적어가 바로 연결될 수 없는데, 추향보어가 그것을 이어주는 역할을 한다. 존현문(存现句)에서 이러한 상황을 자주 볼 수 있다. 이 밖에 추향동사가 보어의 역할을 할 때 파생된 뜻을 나타내기도 한다. 예를 들면 '池塘里已经养上鱼了'에서의 '上'은 사건의 실현을 의미한다. 그리고 '笑起来'에서의 '起来'는 시작을 표시하고 '笑下去'에서의 '下去'는 계속을 의미한다.

5) 수량보어

수량보어를 두가지로 나눌 수 있다. 첫째는, 동량보어인데 동작의 발생 횟수를 표시한다.

看了几遍　走了一趟　看上几眼　打了我一下
跟他们会一会　好好聊一聊

둘째는, 시량보어를 들 수 있는데, 시량을 나타내는 양사구로 구성되며 동작의 지속된 시간을 나타낼 때 사용하는데 시량, 시단(时段)을 말한다.

住了三天　等了一会儿　来了一个月
成立了五年了　挂了一天

시량보어는 스스로 사용될 수도 있고, 간단하고 편하게 쓰기 위해 두가지 보어를 합쳐 수량단어로 대신해 사용한다.

6) 시간, 장소보어

대부분 전치사구를 이용해 동작 발생의 시점과 장소를 표시하고, 동작의 마지막 지점을 표시하는 것도 포함한다.

这事就出在1949年。
人们都知道自己生在何处, 却不知道死在何方。
两个小伙子张罗着把对联帖到大门的两侧。

7) 가능보어

이런 보어의 주요 중심어는 동사이고 간혹 형용사도 쓰인다. 여기에는 두 종류가 있다. 한가지는 '得'와 '不得'를 사용하는 것인데, 동작의 결과를 실현할 수 있는지 없는지를 나타낼 때 사용한다.

这东西晒得晒不得。
眼下这事儿再耽搁不得, 得立刻解决。
生产上的事你要操心, 大意不得。

긍정식에서 앞의 동사는 단음절 동사로 한정된다. 부정형에서는 이음절 동사도 사용될 수 있으며, 형용사도 사용될 수 있다.

또 다른 것은 결과보어나 추향보어와 중심어 사이에 끼어드는 '得/不(경성)'이 있다. 동작의 결과, 추향이 실현될 수 있는지 없는지를 나타낸다. 그래서 가능보어나 가능추향보어라고 부른다.

解决得好 : 解决不好   看得清楚 : 看不清楚
进得去 : 进不去   拉得回来 : 拉不回来

상태보어와 가능 결과보어의 긍정식 형식은 같다(모두 '得'를 사용). 그러나 뜻은 다르다. 예를 들어 '这个字写得好'에서 '写得好'는 형식상 상태보어가 되지만, 또한 가능보어도 될 수 있다. 두 종류의 부정형과 의문형식은 다르다. 아래의 표를 보자.

문답형식		상태보어(확장가능)	가능보어(확장불능)	異同
물음시	간단형	他写得好吗？	他写得好吗？	다름
	확장형	他写得好不好?	없다.	다름
답변시	긍정 간단형	写得好。	写不好。	같다
	긍정 확장형	写得非常好。	없다.	다름
	부정 간단형	写得不好。	写不好。	다름
	부정 확장형	写得不怎么好。	없다.	다름

그리고 또 하나의 중심어 동사가 3단계 보어를 수반할 때, 이런 보어는 단지 아래의 네 종류 뿐인데, 그들의 배열순서는 다음과 같다. 결과보어는 동사와 가장 가까이 있어야 하며 장소보어와 수량보어는 그 다음, 추향보어 (来,去)는 대부분 가장 끝 부분에 위치한다. 예를 들어, '打翻在地, 摔倒在地, 被人毒死在房间里'의 동사는 먼저 결과보어를 동반하고 다음 장소보어를 동반 했다. '他走向溪边去'는 먼저 장소보어를 위치시킨 뒤 추향보어를 동반 했다. '烈火锻出好钢来, 他走进地窖去'는 연이어 두 개의 추향보어를 사용했다. 그 다음 동량 또는 시량보어를 사용했다. '他被叫醒三次、打退敌人两次、粮食放在窖里一两年'는 결과보어나 장소보어를 동반하고, 그 다음 동량 또는 시량보어를 사용했다. '青年们走散到各个革命根据地去'는 결과보어 사용 후 장소보어를 사용하고, 그 다음 추향보어를 사용했다.

2. 보어와 목적어의 순서

보어와 목적어는 모두 동사 뒤에 위치한다. 보어와 목적어가 동시에 출현할 때 배열순서에 문제가 생긴다. 이런 배열의 순서는 어떤 때는 보어에 의해 결정된다. 즉 보어가 다름에 따라 중심어와의 결합의 친밀도가 다른 경우이다. 어떤 때는 목적어에 의해 결정된다. 즉, 목적어가 다름에 따라 요구하는 위치도 다르다. 아래에 보어와 목적어의 세가지 위치관계를 살펴 보도록 하자.

1) 보어가 목적어 앞에 오는 경우 : 자주 볼 수 있는 것.

我在八里之外, 就闻<到>香味了。(결과보어＋受事宾语)
我哪里猜得<到>他们的心里! (가능보어＋受事宾语)
我们走<进>了李大师的画室。(추향보어＋ 장소목적어)
这时候邻屋里走<出来>一位大妈, 打量了我一下。(추향보어＋施事
宾语)
他扫了<一眼>那个小孩。(수량보어＋受事宾语)
他回了<一趟>家。(수량보어＋장소목적어)

2) 보어가 목적어 뒤에 오는 경우 : 이것은 매우 한정적이다.

我们在机场等了你好几个小时了! (대명사나 사람을 가리키는 명사,
'목적어＋수량보어', 이런 형식에만 한함)
他去过昆明<两次>。(장소목적어＋동량보어)
王老五劝我回屋子里<去>。(장소목적어＋추향보어)
给我拿支铅笔<来>。(受事宾语＋추향보어)

3) 목적어가 두 개의 추향보어 사이에 놓이는 경우 : 이때는 2단계목적
어(两层补语)라고 한다. 즉 '拿出书来'에서의 '来'는 '拿出书'라는 이
중심어의 보어이다. '出书来'는 문장성분으로 말하면 보어·목적어·
보어이다.

3. 보어와 목적어의 구별

첫째, 관계를 살핀다. '喜欢安静'과 '考虑清楚'는 모두 '동사＋형용사'로 되
어있다. 전자의 '安静'은 '喜欢什么'의 대답이 될 수 있다. 이것은 목적어로

서 '喜欢'이 지배하는 대상이며 양자의 관계는 동목관계이다. 후자의 '清楚'는 '考虑什么'의 대답이 될 수 없고, 단지 '考虑得怎么样'의 물음에 대한 답이 될 수 있다. 이것(清楚)은 '考虑'의 결과보어이다.

둘째, 문장성분의 품사 유형을 살핀다. 양사구에 만약 사물양사가 쓰이면 일반적으로 목적어이다. 만약 동량사가 쓰였다면, 이것은 보어이다. 예를 들어 '买几本' 과 '看几遍'은 바로 목적어와 보어의 구별을 보여주는 것이다.

셋째, 시간을 나타내는 어떤 성분은 보어로 쓰일 수도 있고 목적어로 쓰일 수도 있다. 그러나 목적어로 쓰일 때는 종종 '把'자문으로 바꿀 수 있다. 예를 들어 '他浪费了两个钟头'와 '他干了两个钟头'를 보면, 전자는 把자문으로 바꾸어 '他把两个钟头浪费了'로 쓸 수 있으며 그 중 '两个钟头'는 목적어이다. 그러나 후자의 경우 이렇게 바꾸어 쓸 수 없으며 그 중 '两个钟头'는 보어이다.

제5절 복 문

1. 병렬복문

병렬복문에서의 문절(分句)과 문절사이는 병렬관계로서 몇 가지 관련되는 사물을 이야기하기도 하고 한 사물의 몇 가지 방면을 진술하기도 하고 정반되는 두 상황을 설명하기도 하고 한 가지 사물을 긍정하고 다른 한 가지 사물을 부정하기도 한다. 어떤 병렬복문은 두 개 또는 두 개 이상의 문절이 직접 조합하여 구성되고, 어떤 병렬복문은 관련사를 통해 구성된다. 상용 관련사는 다음과 같다.

也　又　还　同时　同样　也……也　又……又

既……也(又)　　一方面……(另)一方面　　有时……有时
一会儿……一会儿　　一边……一边　　不是……而是　　是……不

1) 몇 개 문절이 각각 몇 가지 관련되는 사물을 말한다.

小瀑布不见, 大瀑布变小了。

2) 한 사물의 몇 개 방면을 진술한다.

其实这不是一个坟墓, 而是古代的一个堡垒。

2. 승접복문(承接夏句)

몇 개의 문절이 이어져 계속해서 발생된 동작이나 사실을 서술한다. 승접 복문에서는 문절의 순서를 마음대로 바꾸어서는 안된다. 이 상용 관련사는 다음과 같다.

就　　才　　于是　　然后　　后来　　接着
首先……然后　　起先……后来

계속해서 발생된 동작을 서술한다.

我悄悄地披上大衫, 带上门出去。
我吃过午饭, 坐着喝茶, 觉得外面有人进来了, 便回头去看。

계속해서 발생된 몇 가지 사실을 서술한다.

我把这个消息告诉来看猫的孩子, 他们比我还高兴。
鲁迅先生死了, 被放进棺材里了。

3. 체진복문(遞進夏句)

뒤 문절의 뜻이 앞 문절의 것보다 한층 더함을 나타낸다. 일반적으로 작은 데로부터 큰 데로, 가벼운데로부터 무거운데로, 얕은 데로부터 깊은 데로, 더해지는 뜻을 나타낸다. 상용 관련사는 다음과 같다.

不但……而且　不仅……而且

체진의 방향에 따라 체진식 복문을 순진식(順进式)과 역진식(逆进式) 두 종류로 나눈다.

1) 순진식 : 뒤 문절은 앞 문절의 뜻을 이어 의미가 한층 더해짐을 나타낸다.

实践不仅是检验真理的标准, 而且是唯一的标准。

2) 역진식 : 앞 문절은 부정의 뜻을 나타내고 뒤 문절은 앞 문절의 뜻을 이어 상반되는 각도에서 뜻이 한층 더해짐을 나타낸다.

他不但不记恨我, 反而热情地帮助我。

4. 선택복문

두 개 또는 몇 개의 문절(分句)이 두 가지 또는 몇 가지의 일을 나누어 말하고, 그 중에서 한가지를 선택해야 함을 나타낸한다. 선택복문은 상선식(商选式), 한선식(限选式), 결선식(决选式)의 세 종류로 나눌 수 있다.

1) 상선식(商选式) : 일반적으로 이것 또는 저것 중에서 하나를 선택하는 것으로, 비교적 어기가 부드럽다. 상용 관련사는 '或者……或者', '是……还是'가 있다.

(水果店里水果品种很多), 你是买香蕉, 还是买苹果？

(你买一种水果), 或者买香蕉, 或者买苹果。

상선식(商选式)은 일정한 앞뒤 문맥에 근거하는데, 어떤 상황에서는 제3의 가능성을 배제하지 않는다. 예를 들어 예문 ①에서 '香蕉'와 '苹果', 두 종류의 과일을 사는 것 뿐만 아니라 기타 다른 과일을 사는 것도 배제하지 않는다. 그러나 상선식(商选式)은 어떤 상황에서는 동시에 겸하는 상황을 배제한다. 예를 들어 예문 ②에서 앞 문장에서 이미 한 종류의 과일이라고 한정을 했기 때문에 제3의 종류는 불가능하다. 복문을 판정, 분류할 때 관련사 '或者'를 주의해야 한다. 어떤 때는 선택 관계를 나타내고, 어떤 때는 '有的'의 뜻으로 병렬 관계를 나타내므로, 구별을 잘 해야 한다.

我们要或使用, 或存放, 或毁灭。

여기서 '使用', '存放', '毁灭'는 외국 문화를 대하는 세 가지 다른 태도를 가리킨다. '或' 는 '有的'의 뜻으로 이 문장은 병렬 복문이다.

2) 한선식(限选式) : 보통 '이것이 아니고, 저것이다.'를 나타내는 것으로, 둘 중 하나는 반드시 있어야 하고, 제3의 가능성은 배제한다. 어기가 상선식(商选式) 보다 좀 더 강하다. 일반적으로 많이 상용하는 관련사로는 '不是……就是', '不……就', '要么……要么'가 있다.

大多数的字, 不是意义有所不同, 就是用法有些两样。

不在沉默中爆发, 就在沉默中灭亡。

3) 결선식(决选式) : 보통 취사 선택하는 것을 나타내는 것으로, 이것은 선택하여 이미 정해진 반면, 상선식(商选式)과, 한선식(限选式)은 모두 아직 선택하여 정하지 않았다. 결선식(决选式)의 어기와 뜻이 한선식

(限选式)에 비해 훨씬 더 강하다. 상용하는 관련사로는 '与其……不如', '宁可……也不'가 있다.

与其把困难留给别人，不如留给自己。
宁可自己受累，也不麻烦别人。

5. 전환복문

앞 문절이 한가지 의미를 말하고 뒤 문절이 앞 문절의 의미를 따라 이어서 말하는 것이 아니라, 앞 문절의 의미와 상반된 쪽으로 전환되거나 부분적으로 상반된 쪽으로 이야기해 나가는 것이다. 전환복문은 중전식(重转式)과 경전식(轻转式) 두 종류가 있다.

1) 중전식(重转式) : 앞 문절에서 '虽然' 또는 '尽管'을 사용하여 양보의 뜻을 나타내고, 그 뒤 문절에서 '但是'나 '可是', '却' 등을 사용하여 전환을 나타낸다. 문절간의 의미가 명백하게 상반되어, 전환, 강조의 의미를 더한다.

老哥哥虽然不在人间了，却永远活在我的心上。
大小虽然不同，但却是整个伟大事业的 "一部分"。
尽管吴吉昌不断进行斗争，但是缚在他身上的绳索还是越捆越紧。
尽管太阳是人类生存不可缺少的， 但总还是有人批评太阳的某些过失。

중전식(重转式) 복문은 반드시 관련사와 같이 사용해야 한다. 어떤 경우에는 관련사를 전도하여 사용 할 수 있는데, 앞 문장에 '但是', '可是', '却' 등을 이용하여 전환을 나타내고, 그 뒤 문장은 '虽然', '尽管' 등을 이용하여 양보를 나타낸다.

今晩却很好，虽然月光还是淡淡的。

2) 경전식(轻转式) : 경전식(轻转式)은 전환의 의미가 비교적 약하다. 앞뒤 문절의 뜻이 비록 일치하지 않더라도, 분명한 대립이 없으며, 단지 종종 뒤 문절에 "但是", "但", "却", "然而", "不过", "只是" 등을 사용한다.

他见人很怕羞，只是不怕我。
我并不特别喜欢活的或者别的什么猫儿，但对家里的八只景德镇的瓷小猫有些例外。
瀑布在襟袖之间: 但我的心中已没有瀑布了。
现在不再给人去补靴子了，不过我还是要多做些事情。

어떤 경우에 경전(轻转) 관계의 복문은 앞 문절의 관련사를 남겨두고, 뒤 문절의 관련사를 생략한다.

虽然不识字，她看明白那字条了。

또 어떤 전환 복문은 관련사가 나타나지 않고, 앞뒤 문맥의 뜻을 통하여 전환관계를 나타내기도 한다.

到现在五个年头过去了，"永锡难老"，记忆还是新的。
感觉上似乎天快亮了，其实还只是半夜。

이러한 문장이 전환 복문인지 아닌지 판단하려면, 앞뒤 문절 사이에 '虽然……可是'등 전환 관계를 표시하는 관련사를 붙여보면 된다.

6. 인과복문

두 개의 문절 중 하나는 원인을 설명하고 다른 하나는 이 원인으로 인해 생긴 결과를 설명하며 앞뒤 문절의 관계는 원인과 결과의 관계이다. 인과복문의 구성은 세 가지 상황이 있다.

1) 앞 문절이 원인을, 뒤 문절이 결과를 설명하며 중심은 결과를 설명하는 쪽에 있다. 많이 쓰이는 관련사로는 '因为……所以', '由于……因此' 등이 있으며, 일반적인 상황에서는 하나의 관련사만 사용해도 된다.

正因为这样, 所以马克思是当代最遭嫉恨和最受诬蔑的人。
也许因为我是个中国人, 对于樱花的联想, 不是那么灰黯。
由于劳动效率提高, 新人开始能腾出时间来从事艺术活动。

2) 앞 문절에서 결과를 설명하고, 뒤 문절에서 원인을 설명하며, 중심은 원인을 설명하는 쪽에 있다.

爱农先是什么事也没得做, 因为大家讨厌他。
我不久就离开母亲, 因为我读书了。
青蛙之所以能够具有这样一套特殊本领, 主要是因为它有一双机能优异的大眼睛。

3) 문절 하나가 전제조건을 제시하면, 또 다른 문절은 전제조건으로부터 추론해 낼 수 있는 결과를 나타낸다. 이러한 복문을 추론관계의 인과복문이라고 한다. 자주 쓰이는 관련사로는 '既然……就(那么)'등이 있다. 아래의 문장들을 비교해 보자.

① 因为你努力学习,　所以取得了进步。
② 既然你努力学习,　就会取得进步。

예문 ①에서 원인 '你努力学习'가 '取得了进步'라는 결과를 얻어내고, 이것은 원인을 분석하여 설명한 것이다. 예문 ②에서는 '你努力学习'를 먼저 제시함으로써, '会取得进步'라는 결과를 추론할 수 있다. 아래의 각 문장들도 추론 관계의 인과복문을 나타내고 있다.

① 然而既然有了血痕了，当然不觉要扩大。
② 既是她的婆婆要她回去，那有什么话可说呢。

추론의 뜻을 나타내는 인과복문은 일반적으로 '既然(既)'을 생략할 수 없다.

7. 가설복문

앞 문절이 하나의 상황을 가설하고, 뒤 문절이 가설된 상황이 실현된 후의 결과를 나타낸다. 가설복문은 승접식(承接式)과 전환식(转折式) 두 종류로 나눌 수 있다.

1) 승접식 : 앞 문절이 하나의 가설 상황을 제시하고, 뒤 문절이 가설상황이 실현된 후의 어떠한 결과를 나타낸다. 가설된 상황이 실현되면 결과도 성립되며 결과와 가설이 일치하다. 승접식 가설복문의 상용 관련사(关联词语)로는, '如果(仮如、倘若、若、要是、要)……就(那么、那、便)' 등이 있다.

如果还没有研究清楚，就不应该盲目地推广。
要是明天下雨，我们就不去野游。

2) 전환식 : 앞 문절에서 먼저 가정된 상황을 인정하고, 뒤 문절에서는 앞 문절을 받아서 말을 하는 것이 아니라, 가설 상황이 실현된 후의 결과와 상반된 상황을 나타내며 문장의 취지를 이야기한다. 상용되는 관련사로는 '即使(就是、就、纵然、哪怕) ……也' 등이 있다.

今天纵然有雨，也不会很大。
哪怕他是三头六臂，一个人也顶不了事。
即使只能作出一个这样的发现，也已经是幸福的了

전환식 가설복문과 전환복문은 같은점과 다른점이 있는데 잘 구분해야
한다.

- **같은 점** : 이 두 복문은, 뒤 문절이 모두 첫번째 문절의 의미와 연관
  되어 말하는 것이 아니라, 내용상 전환이 있다는 것이다.
- **다른 점** : 전환식 가설복문의 앞뒤 문절이 이야기하는 사실은 모두
  가설한 것이고 전환복문의 앞뒤 문절이 이야기하는 사실은 모두 현
  실적인 것이다.

'即使'는 허구의 상황을 나타내고, '虽然'은 이미 이루어진 사실을 나타
낸다.

① 即使身体不好, 也坚持锻炼。
② 虽然身体不好, 但是坚持锻炼。

예문 ①의 '身体不好'는 가설이고, 예문 ②의 '身体不好'는 사실이다.
가설복문의 문절사이에는 일반적으로 모두 관련사가 있는데 일부 문장
에서는 관련사를 사용하지 않는다.

不是年轻人提醒我该走了, 我还会欣赏下去的。

이 문장은 비록 '不是'라는 단어가 쓰였지만. 그 의미는 '年轻人提醒我
该走了'를 부정하는 것이 아니라, '不是'앞에 '仮如'라는 의미가 숨겨져
있다. '仮如 (如果)'라는 단어를 넣어 봄으로써, 어렵지않게 이 문장이
승접식 가설복문이라는 것을 판정할 수 있다.

8. 조건복문

한 문절이 모종의 조건을 제시하고, 다른 한 문절은 이 조건 하에서 나타
난 결과를 설명한다. 조건복문은 유일조건, 충분조건과 무조건식의 3종류로

나눌 수 있다.

1) 유일조건 : 앞 문절에서 제시한 조건이 유일한 조건이며, 만약 이 조건이 없다면 뒤 문절에서 제시한 결과를 얻을 수 없다. 상용 관련사로는 '只有……才', '除非……才'가 있다.

只有同心协力, 才能把事情办好。
除非修个水库, 才能更好地解决灌溉问题。

2) 충분조건 : 앞 문절이 일종의 충분조건을 나타내며, 이 조건이 있으면 곧 뒤에서 제시하는 결과가 나타난다. 그러나 다른 조건 하에서도 이러한 결과가 나타날 수 있음을 결코 배제하지 않는다. 충분조건을 나타내는 상용 관련사로는 '只要…… 就'가 있다.

只要恳干, 就能干出成绩来。
只要有毅力, 肯下功夫, 就能把事情做成功。

3) 무조건식 : 앞 문절이 먼저 모든 조건을 배제하고, 뒤 문절에서 어떠한 조건 하에서도 발생할 수 있는 같은 결과를 설명한다. 상용되는 관련사로는 '无论(不管)……都(总)'가 있다.

不管做什么事情, 都要有一个老老实实的态度。
不论困难有多大, 他都不气馁。

21세기 중국어문법

활용편

001 | 고유장소명사의 특징

1) 고유장소명사는 명사를 수식할 뿐만 아니라 동사도 수식한다.

   一年后, 希望咱们北京见。

2) 고유장소명사가 사건이 발생한 기점이나 지점을 나타낼 때 고유장소
   명사 뒤에는 단순방위사를 쓰지 않으며 보통장소명사 뒤에는 단순방
   위사를 써도 되고 쓰지 않아도 된다.

   ① 我刚从沈阳来。→ 我刚从沈阳里来。(×)
   ② 我刚从学校回来。→ 我刚从学校里回来。
   ③ 弟弟在长春学习。→ 弟弟在长春里学习。(×)
   ④ 弟弟在宿舍学习。→ 弟弟在宿舍里学习。

| 방위사의 특징

1) 단순방위사는 때로 문장에서 주어나 목적어로 되고 합성방위사는 흔히 문장에서 주어, 목적어, 규정어로 된다.

   ① 上不着天, 下不着地。(주어)
   ② 不要只顾前, 不顾后。(목적어)
   ③ 以上是我对这个问题的看法。(주어)
   ④ 你别只看上边, 还要看下边。(목적어)
   ⑤ 后边的人往前边挤, 都想看个清楚。(한정어)

2) 단순방위사는 단어구성요소나 단음절 명사 뒤에서 시간이나 장소를 나타내는 합성방위사를 구성하며 합성방위사는 주로 다른 명사나 단어결합 뒤에서 시간이나 장소를 나타내는 방위구를 구성한다.

   晚上　午前　饭后　期中　夜里 (시간단순방위사)
   树上　地上　窗前　门后　城东　河西 (장소단순방위사)
   十年之内　解放以前　去北京以后　开学前后 (시간방위구)
   黄河以北　长城内外　北京和天津之间 (장소방위구)

3) 일부 합성방위사는 일부 부사의 수식을 받는다. '最前边, 稍稍里边,

尽东头' 등이 그렇다.

① 老孙走在最前头，我走在最后头。
② 他站在场子的最中间。

4) 보통명사가 장소를 나타내려면 반드시 그 뒤에 방위사가 쓰여야 한다.

① 他在黑板上写字。→ 他在黑板写字。(×)
② 他在刊物上发表一篇评论文章。→ 他在刊物发表一篇评论文章。
   (×)

어떤 때는 고유장소명사(③,④)나 보통장소명사(⑤,⑥)가 장소를 나타낼 때에는 단순방위사를 써도 되고 쓰지 않아도 된다.

③ 他在"天地"上发表了一篇评论文章。→ 他在"天地"发表了一篇评论文章。
④ 我在长白山上照了像。→ 我在长白山照了像。
⑤ 我哥哥在学校里工作。→ 我哥哥在学校工作。
⑥ 姐姐在工厂里劳动。→ 姐姐在工厂劳动。

이밖에 고유장소명사가 장소를 나타낼 때 단순방위사를 쓰지 않는 경우도 있다.

⑦ 全国科技交流会在北京召开。→ 全国科技交流会在北京里召开。
   (×)
⑧ 老王在日本学习。→ 老王在日本里学习。(×)

고유장소명사 뒤에 행정구역을 나타내는 '省，市，县，乡，村'등이 쓰이면, 그 뒤에 단순방위사를 써도 되고 쓰지 않아도 된다.

⑨ 她的姐姐在北京市里工作。→ 她的姐姐在北京市工作。
⑩ 他在语法教学采用了层次分析法。(×)

⑪ 哥哥在长春里学习。(×)

예문 ⑩에서 '语法教学'은 보통명사들의 결합이므로 방위를 나타내려면 '语法教学'뒤에 '中'을 써야 한다. 예문 ⑪에서 '长春'은 고유장소명사이기 때문에 '长春'뒤에 '市'를 쓰든지 그렇지 않으면 '里'를 쓰지 않아야 한다.

방위사는 또 단어나 단어결합 뒤에서 방면, 범위, 조건, 상황, 과정, 상태 등을 나타낸다.

⑫ 我们至少在数量上比他们占优势。(방면)
⑬ 这次拉拉队成员里有老朱。(범위)
⑭ 在同学们的帮助下, 他进步很快。(조건)
⑮ 病人从昏迷中苏醒过来。(상황)
⑯ 讨论中发现了一些新问题。(과정)
⑰ 手术还在进行中。(상태)

'上, 中, 下' 등 방위사가 단어나 단어결합 뒤에 쓰일 때에는 고정된 결합 형식이 있다.

在 + 岗位 (事情, 问题, 思想, 政治)上 (방면)
在 + 过程 (改造, 讨论, 进行, 发言, 学习)中 (과정, 상황, 상태)
在 + 领导 (指导, 帮助, 条件, 情况, 支持)下 (조건)

⑱ 雷锋同志在平凡的岗位中作出了许多贡献。(×)

예문 ⑱에서 '岗位中'을 '岗位上'으로 고쳐야 한다.

003 | 능원동사의 특징

1) 대부분의 능원동사는 단독으로 술어로 될 수 있으며 일정한 물음에
   대답할 수 있다.

   ① 这本书你送给他也<u>可以</u>。
   ② 我<u>敢</u>, 你<u>敢</u>吗?
   ③ 咱们还年轻, 多干点儿, <u>应该不应该</u>?
      <u>应该</u>。

2) 능원동사는 중첩하여 쓰지 못한다. 그러나 뜻이 다른 능원동사끼리는
   연이어 쓸 수 있다.

   可能要   会要   会肯   得(děi)要
   应该要   该会   应当可以
   应该能(够)   可能会   可能得(děi)

   ① 这个目标, 经过努力<u>应当可以</u>达到。
   ② 条件如果有了变化, 结果也<u>会要</u>发生变化。
   ③ 他<u>可能得</u>住院治疗。
   ④ 我们<u>能可以</u>克服困难。(×)

예문 ④에서 '能可以'는 연이어 쓰지 못한다. 나타내려는 내용에 따라 '能'이나 '可以'에서 하나를 쓰지 않아야 한다.

3) 능원동사는 동태조사 '着, 了, 过'와 함께 쓰지 못하며 또한 능원동사 뒤에 오는 동사도 동태조사를 가지지 못한다('可能'은 예외).

① 这个凳子能坐着五个人。(×)
② 如果不努力改造世界观, 不健康的情感会侵蚀着我们的头脑。(×)
③ 他要了解了你的情况。(×)

예문 ①에서 '能'은 가능을 나타내며 '着'는 동작의 진행이나 지속을 나타내기 때문에 앞뒤가 모순된다. 여기서 '着'를 쓰지 않아야 한다. 예문 ②는 '着'를 없애야 하고 예문 ③은 나타내려는 내용에 따라 '要'를 없애든지 그렇지 않으면 '了'를 없애야 하다.

4) 능원동사는 주로 동사나 형용사 앞에서 상황어로 된다.

① 我们的目的一定能够达到。
② 这项工作我没有经验, 不过我可以试试。
③ 速度要快, 质量要好。
④ 可以他去, 也可以你去。
⑤ 大家的事情应该大家办。

예문 ④와 ⑤에서 능원동사 '可以'와 '应该'는 주어 앞에 쓰였다. 능원동사가 주어 앞에 쓰이면 서술의 중점이 주어이고 술어 앞에 쓰이면 서술 중점이 술어이다. '可以他去'는 '그가 갈 수 있다.'는 것이고 '他可以去'는 '그는 갈 수 있다.'는 것이다.

5) 능원동사 앞뒤에 '不'가 쓰이면 강조와 완곡한 뜻이 포함되어 있다. '应, 应该, 该, 要'는 그 앞뒤에 '不'가 쓰이면 강조의 뜻을 포함한다.
① 这件重要的会, 你不会该不去。(应该去)

② 这件事他不能不知道吧。 → 这件事他应该知道。

'能, 可能, 会, 得(dé)'는 그 앞뒤에 '不'가 쓰이면 완곡의 뜻이 있다.

'不能不'는 '只能'이나 '应该'라는 뜻이지 '能'이라는 뜻은 아니다.

'不得不'는 '只好'라는 뜻을 나타낸다.

'不可能不'는 '一定要'나 '应该'라는 뜻을 나타낸다.

'不会不'는 '一定会'라는 뜻을 나타낸다.

004 │ 상용 능원동사의 용법

1) '能(够), 可以, 会, 可能'

동사 앞에서 동작의 가능성을 나타내며, '…할 수 있다.', '…될 것이다.'의 뜻이다.

■ '能, 可以'

'能'은 주로 '능력'을 나타내며 '可以'는 주로 '가능'을 나타낸다.

① 蜂王能活三年, 工蜂至多活六个月。(능력)
② 你们再飞低一点就可以看到机场了。(가능)

'可以'도 때로 '능력'을 나타내지만 '能' 보다 긍정의 뜻이 뚜렷하지 못하며 '가능'의 뜻도 있다.

③ 他一次可以(能)挑一百斤。(능력)
④ 他一顿可以(能)吃四大碗。(능력)

그러나 어떤 동작에 아주 익숙함을 나타낼 때에 '能'을 쓸 수 있지만 '可以'는 쓰지 못한다.

⑤ 他很能组织家庭生活。→ 他很可以组织家庭生活。(×)

⑥ 他很能写, 一写就是大篇。→ 他很可以写, 一写就是大篇。(×)

'能'과 '可以'는 가능성도 나타내는데, '能'은 주로 의문문이나 부정문에 쓰이며 '可以'는 긍정문이나 의문문에 쓰인다.

⑦ 这件事他能知道吗?

⑧ 我看他不能来了。

⑨ 风是沙漠向人类进攻的武器, 但是可以为人类造福。

⑩ 他明天可以再来吗?

'能'은 어떤 객관적인 가능성을 나타내는데 쓰이나, '可以'는 그렇지 않다.

⑪ 他能来吗? → 天这么黑, 他能来吗?

⑫ 他可以来吗? → 天这么黑, 他可以来吗? (×)

⑬ 能上课吗? → 教室这么冷, 还能上课吗?

⑭ 可以上课吗? → 教室这么冷, 还可以上课吗? (×)

■ '能, 会'

모두 객관적인 가능성과 주관적인 능력을 나타낸다.

① 早晨有雾, 今天大概能(会)放晴。(객관적인 가능)

② 他会(能)说汉语。(주관적인 능력)

가능성을 나타낼 경우에 '能'은 긍정적인 의미가 있고, '会'는 추측의 뜻이 있다.

③ 这样下去, 你会犯错误的。→ 这样下去, 你能犯错误的。(×)

능력을 나타낼 경우에 '能'은 이미 '기능'을 소유했음을 나타내며, '会'

는 처음 배워서 '기능'을 소유했음을 나타낸다.

④ 他能开拖拉机。 → 他会开拖拉机。
⑤ 小孩已经大了，能走路。 → 小孩已经大了，会走路。

그러나 '기능'을 잃었다가 회복된 것을 나타낼 경우에 '能'을 쓰고 '会'를 쓰지 않는다.

⑥ 他能走动。 → 他的腿好了，能走动。
⑦ 他会走动。 → 他的腿好了，会走动。(×)

'효율'을 나타낼 경우는 '能'을 쓰고 '会'를 쓰지 않는다.

⑧ 他能走。 → 他一天能走五十公里。
⑨ 他会走。 → 他一天会走五十公里。(×)
⑩ 小妹妹能挑东西。 → 小妹妹一次能挑三十斤。
⑪ 小妹妹会挑东西。 → 小妹妹一次会挑三十斤。(×)

■ '会，可能'

추측을 나타내나, '会'는 긍정적인 추측을 나타내지 못한다.

① 明天会下雨。 → 明天可能下雨。
② 他很可能等你。 → 他很会等你。(×)

'会'는 미래의 추측만 나타내지만, '可能'은 과거와 미래의 추측도 나타낸다.

③ 他会回来。 → 他可能回来。(미래)
④ 他可能回来了。 → 他会回来了。(과거) (×)

2) '应, 应当, 应该, 该'

모두 '(마땅히)…하여야 한다'는 뜻을 나타낸다.
'应'은 서면어에 쓰이며, '应当, 应该, 该'는 흔히 구어에 쓰인다.

① 中国文化应有自己的形式, 这就是民族形式。

'应当'과 '应该'는 대부분 그 뜻이 같다.

② 说话, 写文章都应当(应该)简明扼要。
③ 大家的事情应该(应当)大家办。

그러나 '应当'과 '应该'는 차이가 없는 것은 아니다. '应当'은 '이치적으로 그래야 한다'는 뜻을 나타내며, '应该'는 '본분이기 때문에 그래야 한다'는 뜻을 나타낸다.

④ 我们应当提高水位, 加快送水。
⑤ 大家都应该好好反思, 教师应该反思, 学生也应该反思。

'该'는 그 앞에 부사 '又, 也'가 쓰일 수 있지만, '应当, 应该'는 그 앞에 '也'만 쓰인다.

⑥ 小心闯了祸, 又该挨批评了。
⑦ 你也该(应当, 应该)出去跑跑。

3) '必须, 应当(该)'

'必须'는 부사이나 '应当'과 비슷하여 여기서 설명한다. '必须'는 일반적으로 융통성이나 변경을 요구하지 않으며 '(꼭)…여야 한다'는 뜻을 나타내는데 공식적인 글, 단체(당)의 결의, 국가 법령 등에 많이 쓰인다.

'应当'은 이치나 도리상 그렇게 할 것을 요구하며 "(마땅히)…여야 한다"는 뜻을 나타내는데 흔히 타이르거나 권고할 때 쓴다.

① 为了坚持和改善党的领导，必须加强党的纪律。

② 犯了错误的同志，应该诚恳地接受组织的批评教育。

③ 党的决议必须无条件执行。

④ 必须遵守党的决议，应当联系群众。

005 │ 추향동사의 특징

1) 동사나 형용사 뒤에서 시작, 진행, 지속, 완료 등을 나타내며 경성으로 읽는다.

① 大伙唱起歌来。(시작)
② 所有参加长跑的人都坚持下来。(지속)
③ 从本子上撕下来一张纸。(완료)

단음절 추향동사가 단독으로 술어가 될 경우에는 일반동사와 마찬가지로 동작을 나타낸다. 이음절 추향동사가 술어가 될 경우에는 앞의 추향동사는 일반동사와 마찬가지로 동작을 나타내며 뒤의 것은 추향을 나타낸다.

④ 我去车站送人。
⑤ 日本鬼子进了村了。
⑥ 窗户一打开, 阳光和新鲜空气都进来了。
⑦ 大家都上去跟他握手。

2) 가능을 나타내는 '得'와 부정을 나타내는 '不'는 동작동사와 추향동사 사이에 쓰인다.

说上　　　说得上　　　说不上
扔过来　　扔得过来　　扔不过来
爬上去　　爬得上去　　爬不上去

① 这条河太深, 过不去。
② 这条河太宽, 跳过不去。(×)

3) 추향동사와 함께 쓰이는 동사가 목적어를 가질 경우 목적어의 위치가
　 다름에 따라 시태도 달라진다. 목적어가 추향동사 뒤에 쓰이면 동작
　 의 완료를 나타내고 목적어가 동사와 추향동사 사이에 쓰이면 동작의
　 진행을 나타낸다. 중국어에서 동작의 완료와 시태는 필연적인 관련은
　 없다. 완료에는 과거와 미래완료가 있으며 진행에는 현재와 미래 진
　 행이 있다.

① 他给我们送来苹果。(완료)
② 昨天他给我们送来苹果。(과거완료)
③ 明天他给我们送来苹果。(미래완료)
④ 他给我们送来了苹果。(현재완료)
⑤ 他给我们送苹果来。(진행)
⑥ 昨天他给我们送苹果来。(과거진행) (×)
⑦ 明天他给我们送苹果来。(미래진행)
⑧ 他给我们送苹果来了。(현재진행)
⑨ 每当这个时候, 我们想起来自己的名字。(×)

예문 ⑨에서 '每当这个时候'는 동작의 진행을 나타내는데 '想起来…名
字'는 동작의 완료를 나타내기 때문에 앞뒤가 모순된다. 그러므로 '想
起来…名字'를 '想起自己的名字来'라고 고쳐쓰면 진행을 나타낸다.

006 | 상용 추향동사의 용법

1) '来, 去'

화자가 중심되어 화자에게 방향이 이동되면 '来'를 쓰고, 그와 반대일 경우에는 '去'를 쓴다.

① 他已经来了。
② 他已经去了。
③ 家里来客人了。
④ 他给我们来过电话。
⑤ 我给家里奇过两封信。
⑥ 问题来了，就得解决。
⑦ 她唱得很好，再来一个。

'来', '去'는 '오다', '가다'라는 뜻이나 달리 표현될 때도 있다. 예를 들면, 두 사람이 동행하다가 도중에서 갈라질 때 "우리 집에 놀러 오시오"하는 말을 "到我家来玩"이라고 하지 않고 "到我家去玩"이라고 한다. 그러나 일정한 언어환경에서 '来'와 '去'는 같은 뜻으로 쓰일 때가 있다. 예를 들면, 전화로 상대편에서 "你能不能马上来?(너 즉시 올 수 있니?)"라고 물으면 "我马上去" 또는 "我马上来(제가 곧 가겠습니다)"
라고 대답하는 경우가 있다. 여기에서 '去'를 쓰면 일반적 서술로 되고
'来'를 쓰면 상대방을 존중하고 예의가 있음을 나타낸다. 일상 회화에
서 추향동사 '来', '去'를 오용한 현상이 흔히 나타나기도 한다.

⑧ 一天, 我弟弟正在学习, 忽然听见爸爸叫他出来玩。(×)
⑨ 昨天我到同学家去玩, 发现他家有很多书, 我出去时, 带去了几
本。(×)

예문 ⑧에서 서술의 대상은 '我弟弟'이기 때문에 '来'를 쓰면 이동 방향
이 '我弟弟'로 향한다. 반드시 '去'를 써서 '……听见爸爸叫他出去玩'
이라고 하여야 한다. 예문 ⑨에서 '我'가 '同学家'에서 말하는 것이 아
니라 다른 장소에서 말하기 때문에 '我出来时, 带来了几本书'로 고쳐
야 한다.

2) '起来, 下来'

'起来'는 동작이 시작되어 계속 진행됨을 나타낸다. '下来'는 동작의 결
과를 나타내며 결과가 고정되었음을 나타낸다.

① 大伙都唱起歌来。
② 把你的想法写下来吧。
③ 这一段很重要, 请你把它记起来。(×)
④ 班主任叫我们讨论学校规章制度, 但讨论不下来。(×)

예문 ③에서 '起来'를 '下来'로 고쳐야 하고 예문 ④에서 '下来'를 '起
来'로 고쳐야 한다.

3) '起来, 下去'

'起来'와 '下去'가 형용사 뒤에서 추향을 나타낼 경우에 적극적인 의미를 가진 형용사 뒤에 '起来'가 쓰이고 소극적인 의미를 가진 형용사 뒤에 '下去'가 쓰인다.

① 我们一天天好起来, 敌人一天天烂下去。
② 我们的生活一天天地好下去。(×)
③ 他的身体一天天地瘦起来了。(×)

예문 ②에서 '好'는 적극적인 의미가 있기 때문에 '下去'를 '起来'로 고쳐야 하고 예문 ③에서는 '起来'를 '下去'로 고쳐야 한다.

4) '上来, 出来'

'上来'는 어떤 동작을 해낼 능력이 있음을 나타내며, '出来'는 동작의 결과를 나타낸다.

① 念了几遍就背上来了。
② 办法已经研究出来了。
③ 内容多, 时间不够, 我没有仔细看, 因此读后感写不上来。(×)

예문 ③에서 능력이 없어서 쓸 수 없는 것이 아니라 내용을 잘 모르기 때문이다. 그러므로 '写不上来'를 '写不出来'로 고쳐야 한다.

5) '(不)过来, (不)出来'

'(不)过来'는 할 것이 너무 많아서 해내지 못함을 나타내며, '(不)出来'는 모르기 때문에 해내지 못함을 나타낸다.

① 你给我这么多有趣的书，我都看不过来了。

② 这个谜语太难，我猜不出来。

③ 学生提的疑难题太多，老师都回答不出来。(×)

④ 小李没有夏习好功课，这么简单的问题都写不过来。(×)

예문 ③에서 '出来'는 '过来'로 고쳐야 하며, 예문 ④에서 '过来'는 '出来'로 고쳐야 한다.

007 | 형용사 중첩형태

1) 단음절 형용사가 중첩후 얼화(儿化)가 되면 수월 또는 가뿐한 의미를 많이 포함한다.

高高儿　慢慢儿　满满儿　好好儿

2) 'ABB'는 정도가 심화되는 의미가 있다.

热腾腾　沉甸甸　酸溜溜　金灿灿

3) 'A里AB'는 폄의(부정적이고 나쁜) 의미가 있다.

慌里慌张　娇里娇气　马里马虎　糊里糊涂

소수 형용사는 ABAB 형태의 중첩이 있다. 예를 들어, '雪白, 滚汤, 冰凉' 등의 중첩형태는, '雪白雪白, 滚汤滚汤, 冰凉冰凉'이 된다. 이것은 일반 이음절 형용사의 중첩 형태와 같지 않다. 이러한 종류의 형용사는 대부분 비유, 과장의미의 한정관계(偏正)의 합성사로 되어있다. 형용사의 중첩은 일반적으로 생동감을 나타내며, 항상 사물을 묘사하는 데 사용한다.

008 | 형상형용사와 중첩형용사의 기능

1) 형상형용사가 한정어로 될 경우에 직접 피한정어 앞에 쓰이며 한정어
와 피한정어 사이에 '的'를 쓸 수도 있다. 그러나 중첩형용사가 한정
어로 될 경우에 반드시 그 뒤에 '的'를 써야 한다.

① 这是一件干净衣服。
② 这是一件干净的衣服。
③ 这是一件干干净净衣服。(×)
④ 这是一件干干净净的衣服。

형상형용사는 '的'를 쓰지 않고 직접 명사구를 이룰 수 있지만, 중첩형
용사는 그 뒤에 '的'가 붙어야 명사구를 이룰 수 있다.

黑的板 → 黑板   黑黑的板 → 黑黑板 (×)
老实的人 → 老实人   老老实实的人 → 老老实实人 (×)

만일 피한정어 앞에서 수량사가 쓰였다면 형상형용사는 수량사 뒤에
쓰이나, 중첩형용사는 그 제한을 받지 않는다.

⑤ 这是一个干净(的)房间。

⑥ 这是干净的一个房间。(×)

⑦ 这是一个干干净净的房间。

⑧ 这是干干净净的一个房间。

그러나 형용사 자체가 정도나 상태의 뜻을 가지고 'ABAB' 형식으로 중첩할 수 있는 '雪白, 漆黑, 冰凉, 笔直……'등은 수량사 앞뒤에 다 쓰인다.

⑨ 他今天买来了一张雪白的纸。

⑩ 他今天买了雪白的一张纸。

2) 형상형용사가 직접 상황어로 쓰이는 경우가 그리 많지 않다. 직접 상황어로 될 수 있는 형용사는 '早, 晚, 多, 少, 忙, 快, 慢, 难, 一般, 正式, 普遍, 积极, 公开, 容易, 直接, 详细, 随便, 认真' 등이다.

3) 형상형용사가 직접 술어로 된다면 의문문, 대비문, 비교문이어야 한다. 그러나 중첩형용사는 어떠한 문장에서든 술어로 될 수 있다.

① 哪件衣服好? —— 这件衣服好。(의문문)

② 这个小孩儿老实, 那个小孩儿太淘。(대비문)

③ 他的身体比过去结实了。(비교문)

④ 他的脸红红的。

⑤ 他的脸红通通的。

⑥ 这个人很糊涂。

⑦ 这个人糊里糊涂。

4) 형상형용사는 가능보어, 결과보어로 될 수 있다. 형상형용사가 상태보어로 되자면 의문문, 대비문, 비교문이어야 한다. 그러나 중첩형용사는 가능보어, 결과보어로는 될 수 없지만 상태보어로는 될 수 있다.

① 请你放心, 这门课他肯定考得好。(가능보어)

② 你一定要把这门课考好。(결과보어)

③ 这屋子打扫得干净，那屋子扫不干净。(상태보어) (대비)

④ 这屋子扫得干净，那屋子扫不干净。(가능보어)

⑤ 这屋子扫得干净。(×) (상태보어)

⑥ 这屋子扫得干干净净。(상태보어)

5) 형상형용사는 목적어가 가능하나, 중첩형용사는 목적어로 될 수 없다.

① 我喜欢干净。

② 我喜欢干干净净。(×)

단음절 형용사는 뒤에 '的'가 붙어 명사적으로 쓰일 수 있지만, 중첩형용사는 그렇게 쓰지 못한다.

③ 我已经拿了大的。

④ 我已经拿了大大的。(×)

009 | 수사의 증감 표현

1) 증가

수량 증가 표시는 배수를 사용할 수 있고, 또한 분수도 사용할 수 있다. 예를 들어, '모 학교가 작년 신입생 100명을 모집하고, 올해 200명을 모집했다'고 하자. 그러면 이것을, '今年招收的新生比去年增加一倍。', '今年招收的新生是去年的兩倍。' 또는 '今年招收的新生比去年增加100%。'라고 한다. 만약 '작년 신입생 100명 모집하고, 올해 120명 모집했다'면 이것은 '今年招收的新生比去年增加五分之一。' 또는 '比去年增加20%。'라고 한다.

'增加(了), 增长(了), 上乘(了), 提高(了)'와 같이 나타내는 것에는, 원래 숫자는 포함되지 않고 증가한 숫자 만 표시한다. 예를 들면, '从五增加到十'을 '增加了一倍'라고 하고, '增加了二倍'라고는 하지 않는다.

'增加到(为), 增长到(为), 上升到(为)' 이러한 말은 원래의 숫자가 포함되고 증가한 후의 총수를 지칭한다. 예를 들면, '从五增加到十'를 '增加到二倍'라고 할 수 있으나, '增加到一倍'라고 할 수 없다.

2) 감소

수량 감소 표시는 분수로 만 나타내고 배수는 사용하지 않는다. 예를
들어, '어떤 상품을 어제는 10개를 만들고, 오늘은 5개를 만들었다'고
하자. 그러면, '减少一倍'라 하지 않고 '减少二分之一' 또는 '减少一半',
'减少50%'라고 한다.

'减少(了), 降低(了), 下降(了)'의 차이는, 예를 들면, '열 개에서 한 개로
감소 했다'고 하자. 그러면 '减少了十分之九'라고 하며, '减少到九倍'라
고 하지 않는다.

'减少到(为), 降低到(为), 下降到(为)'는 감소한 후의 나머지 숫자를 말
한다. 예를 들어, '10명에서 1명으로 감소한 경우', '减少到十分之一'라
고 하고, '减少到十分之九'라고 하지 않는다.

010 | 특수 수사의 용법

1) '零(0)'

특수한 수사로서 여러 자리수의 빈자리에 쓰인다. 끝자리 수로부터 여러 자리수가 비었을 때는 빈자리에 '0'으로 표시하고 연(年), 번호를 나타낼 때를 제외하고는 '0'을 읽지 않는다.

① 二〇〇〇年, 他考上了北京二中。(年)
② 我的自行车号是三八二〇。(번호)
③ 这块地亩产1000斤。(수량)

만일 여러 자리수 가운데서 빈자리수가 두 자리수 이상일 때 중국어로 표시하면 '零'하나로 여러 개 빈자리를 대체하지만, 아라비아 숫자로 표시하면 빈 자리에 '0'을 다 써넣고 읽을 때는 '零'하나를 읽는다.

④ 香港队以一百零一(101)比六十五(65)击败了斯里兰卡队。
⑤ 地球赤道的圆周长是四万零七十六(40,076)公里。

일반적으로 '三千三百(3,300)'를 '三千三'으로 읽으며 '四万五千(45,000)'을 '四万五'로 읽는다. 그러나 여러 자리수에 '0'이 끼어 있을 때 '百, 千'을 생략하지 못한다. '五万零三百(50,300)'를 '五万零三'으로 읽는다면 '50,300'가 아니라 '50,003'이라는 뜻으로 된다. 중국어에서 '一百三'은 '130'을 가리키지만 우리 말의 '백삼'은 '103(一百零三)'을 가리키므로 사용에 주의를 해야 한다.

2) '二, 两'

같은 수량을 나타내지만 그 용법은 각각 다르다.

(1) 한 자리수 만으로 쓰이는 문장에서 양사 '个, 只, 本, 件, 双……' 등 앞에는 '两'을 써야 한다.

两个人 → 二个人 (×)   十二个人 → 十两个人 (×)
两本书 → 二本书 (×)   十二本书 → 十两本书 (×)
两位同志 → 二位同志   十二位同志 → 十两位同志 (×)

수사 '2'와 명사 사이에 습관상 양사를 쓰지 않을 경우에 '二'이나 '两'을 다 쓸 수 있다.

两人 → 二人 → 两个人 → 二个人 (×)
两字 → 二字 → 两个字 → 二个字 (×)

중국의 전통적 도량형 양사 '斤, 两, 尺, 丈, 分, 亩……' 등 앞에는 흔히 '二'을 쓰고 국제도량형 양사 '公斤, 公里, 吨, 米……' 등 앞에는 흔히 '两'을 쓴다.

二斤(两斤)   二升(两升)   二尺(两尺)
两米(二米)   二丈(两丈)   两公斤(二公斤)
两公里(二公里)   两吨(二吨)

양사 '两(냥)'앞에는 '二'을 쓰지 '两'을 쓰지 않는다.

我买二两熊胆粉。

我买两两熊胆粉。(×)

(2) 순서를 나타낼 때는 '二'을 쓴다. 이때 '两'을 쓰면 순서수사(서수)가 아니다.

第二班 → 二班(순서) → 两班(수량)

第二次大战 → 二次大战(순서) → 两次大战(수량)

第二指头 → 二指头(순서) → 两指头(수량)

第二道沟 → 二道沟(순서) → 两道沟(수량)

'二'이 '两'보다 획수가 적으므로 '两'을 '二'로 쓰는 폐단이 존재한다.

① 每个屋子, 二张床, 正好住二个人。(×)

② 今天下午我们年级二班同学进行了足球比赛,增进了班与班之间 的友谊。(×)

예문 ①에서 '二'을 '两'으로 고쳐야 한다. 예문 ②에서 문장 내용을 보면 '二'은 순서가 아니라 수량이기 때문에 '两'으로 고쳐야 한다. 구어에서 '两个'를 합쳐 '俩(liǎ)'로 쓰는 경우가 있다.

③ 兄弟俩成绩都好。

④ 咱们俩个一块上学吧。(×)

예문 ④에서 '俩'는 이미 '个'가 포함되어 있으므로 '个'를 쓰면 안된다.

(3) '十' 앞에는 '二'을 쓰고 '百' 앞에는 흔히 '二'을 쓰나 때로는 '两'도 쓴다. '千, 万, 亿' 앞에 흔히 '两'을 쓰나 때로는 '二'도 쓴다.

二十(两十 ×)　　二百五十(两百五十)　　两千三百(二千三百)
两万五千(二万五千)　　两亿(二亿)

011 │ 양사 '个'의 용법

현대중국어에서 아주 널리 쓰이는 양사로 통용되는 개체양사에 속한다. 확정된 양사가 있는 명사에도 쓰이고 확정된 양사가 없는 명사에도 쓰일 수 있다.

一个(项)任务　一个(种)想法　一个(条)意见

一个星期　一个花瓶　一个门　一个字

一个地方　一个号码　两个图章

'个'는 또 술목(述宾)구로 된 동사와 명사 사이에서 동작의 횟수를 나타낸다.

洗个澡　见个面　说个话　过个节儿……

'个'는 또 술보(述补)구로 된 동사와 보어 사이에서 정도가 높음을 나타낸다. 이때 '个'는 구조조사 '得'와 비슷하다.

唱个痛快　砸个稀巴烂　跑了个痛快

睡个够　问个明白　看个仔细

부정식 보어 앞에서 동작의 지속을 나타낸다.

　　　说<u>个</u>没完　　笑<u>个</u>不停　　哭<u>个</u>不住 ……

개략수로 된 보어 앞에서 개략수의 정도를 심화한다.

　　　等<u>个</u>一二十天　　　干<u>个</u>三五年　　　走<u>个</u>百八十里　　　差<u>个</u>一两岁

성어(成语)로 된 보어 앞에서 동작의 결과를 나타낸다. 이때 '个' 앞에 구
조조사 '得'를 쓸 수 있다.

　　　打<u>个</u>措手不及　　　翻<u>个</u>底儿朝天　　　闹<u>个</u>鸡犬不宁
　　　搞得<u>个</u>乌烟瘴气　　　打得<u>个</u>落花流水

012 | 기타 양사의 결합

1) '条'

一条线(筋)　　一条街(道, 路)　　一条汉子(命, 心)

一条狗(牛, 毛驴)　　一条被(床单, 毯子)　　一条河(江, 沟, 渠)

一条鱼(蛇, 龙, 毛虫)　　一条毛巾(裤子, 裙子, 麻袋)

一条理由(消息, 意见, 原则, 命令, 标语)

2) '只'

一只袜子(鞋, 手套)　　一只苍蝇(密蜂, 蜻蜓)

一只鸟(鹅, 鸡, 鸭, 喜鹊)　　一只手(眼睛, 脚, 胳臂)

一只老虎(狮子, 狼, 象, 熊, 羊, 兔子, 猫, 老鼠)

3) '件'

一件事情(案子)　　一件东西(艺术品, 家具, 行李)

一件衣服(上衣, 背心, 毛衣, 风衣, 长袍, 汗衫)

4) '种'

一种人　　一种菜　　一种气味　　一种见解

一种商品   一种刊物   一种现象   一种办法(看法)

5) '份'

一份菜   一份点心   一份报纸(杂志)

一份文件(材料, 计划, 记录, 清单)

6) '张'

一张弓   一张嘴   一张桌子(凳子, 沙发, 床)

一张(票, 相片, 地图)   一张席子(叶子, 皮)

7) '把'

一把烟   一把筷子   一把菠菜   一把椅子

一把锁头(钥匙)   一把鼻涕(眼泪)   一把扇子(伞)

一把炒面(小米, 土, 砂子)   一把刷子(梳子, 牙刷, 扫帚)

一把刀(锉, 斧子, 剑, 锯, 钳子)

8) '块'

一块糖(肉, 蛋糕, 小骨头)   一块砖(肥皂, 石头, 图章)

一块木板(玻璃, 铁板, 黑板, 镜子, 招牌)   一块云彩

一块手表

9) '颗'

一颗心   一颗子弹(手榴弹, 地雷)   一颗钉子

一颗图章   一颗豆子(花生, 粮食, 瓜子儿, 葡萄)

一颗珍珠(钻石, 汗珠, 露水)

10) '棵'

一棵白菜(葱)   一棵草(麦子, 棉花, 葡萄, 树, 秧苗)

11) '朵'

   一朵花   一朵云

12) '幅'

   一幅国画   一幅土布   一幅地图(相片)

13) '所'

   一所学校(医院, 银行, 楼房)

14) '间'

   一间教室   一间屋子   一所六间房子

15) '扇'

   两扇门   四扇窗

16) '辆'

   一辆坦克(战车)   一辆汽车(自行车, 三轮车, 卡车)

17) '台'

   一台戏   一台收音机(缝纫机, 照相机)
   一台机器(车床, 马达, 仪器)   一台拖拉机(水车, 风车)

18) '艘'

   一艘轮船(飞船, 军舰)

19) '匹'

一<u>匹</u>布   一<u>匹</u>马(骡子, 骆驼, 毛驴子)

20) '头'

一<u>头</u>蒜   一<u>头</u>牛(驴, 骡子, 羊, 猪)

21) '滴'

一<u>滴</u>水(泪, 血, 汗, 露水, 雨, 油)

22) '架'

一<u>架</u>梯子   一<u>架</u>牛车(马车)   一<u>架</u>纲琴(风琴)
一<u>架</u>照相机(望远镜, 显微镜)   一<u>架</u>飞机

23) '顶'

一<u>顶</u>帽子   一<u>顶</u>轿子   一<u>顶</u>蚊帐

24) '面'

一<u>面</u>鼓   一<u>面</u>镜子   一<u>面</u>红旗   一<u>面</u>铜锣

25) '门'

一<u>门</u>大炮   一<u>门</u>亲戚   一<u>门</u>技术(学问, 课程, 课)

26) '挺'

一<u>挺</u>机关枪

27) '支'

一<u>支</u>箭   一<u>支</u>蜡烛   一<u>支</u>笔(粉笔, 钢笔, 铅笔)
一<u>支</u>枪(步枪, 手枪, 长枪)   一<u>支</u>军队(队伍)

28) '发'

　　一发子弹

29) '盒'

　　一盒烟　　一盒粉笔　　一盒火柴

30) '床'

　　一床被子(被单, 被面)

31) '篇'

　　一篇文章　　一篇报道

32) '首'

　　一首诗　　一首歌

33) '出'

　　一出戏

34) '本'

　　一本帐　　一本书(手册)

35) '段'

　　一段路　　一段故事　　一段时间　　一段快板儿

※ 집합양사 : 한 쌍, 한 무리를 나타내는 양사를 말한다.
　　双, 对, 副, 帮, 群, 批, 堆, 班, 片, 队, 列, 捆, 窝, 圈……

36) '双'

一双鞋(袜子, 手套, 筷子)   一双手(脚, 眼睛, 耳朵, 胳膊)

37) '对'

一对金鱼(大虾, 石狮子)   一对鸟儿(鸳鸯, 鸽子)

一对夫妇(男女)   一对眼睛(手套, 耳环, 翅膀)

38) '副'

一副中药   一副对联   一副棋(扑克, 牌)   一副眼境(手套, 耳环)

39) '帮'

一帮人

40) '群'

一群羊   一群歹徒   一群人(学生)

41) '批'

一批货   一批工人(学生, 妇女)

42) '堆'

一堆蚂蚁   一堆石头(煤, 肥料)

43) '垛'

一垛砖(瓦)   三垛稻子(豆子)

013 | 상용 인칭대명사의 용법

1) '我们, 咱们'

모두 제 1인칭의 복수를 나타내지만 서로 뜻이 다르다. '我们'은 일반적으로 화자만 가리키지만 때로는 청자를 포함하기도 한다. '咱们'은 화자와 청자 모두 포함한다.

① 你对我们的工作有什么要求?
② 你来的正好, 我们一起讨论吧。
③ 你们不要在走廊大声说话, 咱们正在上课呢! (×)

예문 ①에서 '我们'은 말하는 사람들만 나타내기 때문에 '咱们'으로 바꾸어 쓰지 못한다. 예문 ②에서 '我们'은 듣는 사람까지 함께 나타내므로 '咱们'을 쓸 수 있다. 예문 ③에서 '大声说话'는 상대방을 포함하지 않기 때문에 '咱们'을 쓰면 틀린 문장이다. 따라서 '我们'으로 고쳐야 한다.

정치문이나 장엄한 의미를 띤 호소문에서 말을 듣는 사람들을 망라하여도 '咱们'을 쓰지 않고 '我们'을 쓴다.

⑤ 我们全体党员要为中国社会主义现代化建设事业奋不顾身, 全心
全意为人民服务。

예문 ⑤에서 '我们'이 상대방도 망라되었지만 '咱们'으로 바꾸지 말아
야 한다. 초학자들이 '我们'과 '咱们'을 잘못알고 쓰는 폐단이 있는데
이 구별을 분명히 알고 써야 한다.

⑥ 爸爸, 咱们都回来了。(×)
⑦ 要是有困难, 咱们就给你想办法。(×)

예문 ⑥, ⑦에서는 모두 '我们'을 써야 할 곳에 '咱们'을 썼다.

2) '他', '她', '它' 와 '他们', '她们', '它们'

'他', '她', '它'는 단수이고 '他们', '她们', '它们'은 복수이다. '他', '他们'
은 남성을, '她', '她们'은 여성을 가리킨다. '她'는 '祖国', '党' 등의 존
경하는 대상을 지칭할 때 사용할 수 있다. '它', '它们'은 사람 이외의
사물 일체를 지칭할 때 사용된다.
지칭하는 사람 중에 남성과 여성이 함께 있을 경우 '他们'을 쓴다.

经过长时间相互了解, 他们终于结为夫妻。
('他们'은 남성과 여성을 모두 포함.)

3) '您'

'您'은 2 인칭 존칭어이며, 'nín'으로 읽는다.

老师, 您早!

4) '自己'와 '人家'

'自己'는 세 가지의 주된 용법이 있다. 첫째는, 어떤 특정인을 가리킬 때이고, 둘째는, 정하지 않은 임의의 사람을 가리킬 때이며, 셋째는, 명사나 대명사 뒤에 사용되어 강조하는 작용을 한다.

她严格要求自己, 希望早日加入民青团。(어떤 특정인)
自己错了, 也已经懂得, 又不想改正, 自己对自己采取自由主义。(임의의 사람)
他自己愿意去的, 怪谁? ('他' 강조)

'人家'의 용법은 다양하다. 총괄적으로 다른 사람 지칭하기도, 임의의 사람을 지칭하기도 하며, 말하는 사람 자신을 가리키기도 한다.

我想要的几本书都给人家借走了。(다른 사람 지칭)
你看, 人家小玲多聪明。('小玲' 지칭)
人家都急死了, 你还笑!(말하는 자신 지칭)

| # 상용 부사의 용법

1) '很, 挺, 怪 ,蛮, 老'

'매우', '아주'란 뜻이며, 형용사 앞에서 정도가 높음을 나타낸다. '很'은 구어나 서면어에 모두 쓰인다. '挺'은 구어에만 쓰이며 전형적인 서면어로 된 형용사는 '挺'의 수식을 받지 못한다. '挺'의 수식을 받는 형용사 뒤에는 일반적으로 조사 '的'가 쓰인다.

① 他很年轻。→ 他挺年轻。
② 这件衣服很干净。→ 这件衣服挺干净。
③ 小妹讲得很有意思〔的〕。→ 小妹讲得挺有意思〔的〕。
④ 东北的冬天很寒冷。→ 东北的冬天挺寒冷。(×) → 东北的冬天挺冷。
⑤ 我们的祖国很昌盛。→ 我们的祖国挺昌盛。(×)
⑥ 他们的斗争是很正义的。→ 他们的斗争是挺正义的。(×)

예문 ④, ⑤, ⑥에서 형용사 '寒冷', '昌盛', '正义'는 서면어이므로 '挺'의 수식을 받지 못한다.

'怪'는 주로 구어에 쓰인다. 구어표현에 맞지 않거나, 친절한 뜻을 가지고 있지 않는 형용사나 심리활동 동사는 '怪'의 수식을 받지 못한다. 그리고 '怪'의 수식을 받는 형용사나 동사 뒤에는 반드시 조사 '的'가 쓰여야 한다.

⑦ 这本书怪好的。

⑧ 这个孩子怪可爱的。

⑨ 这个故事怪有意思的。

⑩ 慢点走,道儿怪滑的。

⑪ 他们的手段怪卑鄙的。(×) → 他们的手段很卑鄙。

예문 ⑪에서 '卑鄙'는 친절한 뜻을 나타내는 단어가 아니기에 '怪'의 수식을 받지 못한다.

'蛮'은 구어에만 쓰이는데 주로 흡족한 뜻을 나타내는 형용사를 수식한다.

⑬ 那个小子跑得蛮快。

⑭ 他的学习成绩蛮好。

⑮ 这个小鬼蛮聪明。

예문 ⑬, ⑭, ⑮에서 '蛮'을 '很'이나 '挺'으로 바꿀 수 있다. '蛮方便', '蛮漂亮'이라고 할 수 있지만 '蛮美丽', '蛮疼', '蛮难受'라고는 하지 않는다.

'老'는 정도부사로 쓰일 때 '大, 远, 宽, 快'등 단음절 형용사를 수식하며 '小, 近, 窄, 慢' 등 단음절 형용사는 수식하지 못한다.

⑯ 他们从老远的上海来到边疆。 → 他们从老近的郊区来到学教。(×)

⑰ 那条河老宽老宽的。 → 那条马路老窄老窄的。(×)

⑱ 他的胳膊老粗老粗的。 → 他的胳膊老细老细的。(×)

⑲ 他跑得老快。 → 他跑得老慢。(×)

'老'가 시간부사 '언제나'로 쓰일 때는 이런 제한을 받지 않는다. '他老
迟到', '老哭', '老笑'라고 할 수 있다. 여기에서 보는 바와 같이 정도부
사 '挺,' '怪', '蛮', '老'는 '很'으로 바꿀 수 있다.

'很'이 동사를 수식하는데 각각 다른 수식관계를 가지고 있다. 심리
활동 동사나 소원을 나타내는 동사 '想, 喜欢, 感激, 愿意, 爱, 希望,
怀念, 支持, 反对, 接近, 了解' 등은 단독으로 '很'의 수식을 받을 수
있으며, 이런 동사로 이루어진 술목(述宾)구는 '很'의 수식을 받을 수
있다.

① 这么做, 他都很支持。
② 我们都很支持他的行动。
③ 当地的情况我很了解。
④ 老师很了解同学们的心情。

'很', '挺'은 묘사성을 띤 문장에서 정도가 높음을 나타내지 않고 음절
을 조절하는 역할만 한다.

① 他的意见很好。
② 这个东西挺贵。

예문 ①, ②에서 '很', '挺'은 '아주', '매우'란 뜻을 나타내지 않고 단지
음절만 조절한다. 만일, 정도를 나타내려면 '非常'이나 '十分'과 같은
정도부사를 쓴다.

2) '挺, 顶'

두 발음이 비슷하기 때문에 서로 혼돈하기 쉬운 부사이다. '挺'은 구어
에 쓰이며 '很'과 비슷하다. '顶'은 구어에 쓰이는데 '제일'이란 뜻으로
'最'나 '极'와 비슷하다.

① 任务完成得挺好。 → 任务完成得很好。

② 他在工作中挺卖力气。 → 他在工作中很卖力气。

③ 我们三个人当中, 他顶小。 → 我们三个人当中, 他最小。

④ 问题看得不要太复杂, 顶简单。 → 问题不要看得太复杂, 最简单。

예문 ①, ②, ③, ④에서 '挺'과 '顶'을 서로 바꾸면 그 뜻이 달라진다. '挺' 앞에는 부정부사 '不'를 쓰지 않지만 '顶'앞에는 '不'를 쓰는 경우가 있다.

⑤ 他对这件事挺不满意。

⑥ 我跟他不顶熟。

'顶' 뒤의 형용사 '多, 小, 快, 慢, 坏, 大, 小' 등이 쓰여 '제일(한껏) ……아(도)'의 뜻으로 양보를 나타내기도 한다. '顶' 뒤에 '好'가 쓰여 '제일 좋기는……'의 뜻으로 소원을 나타낸다. 그러나 '挺'은 그렇게 쓰이지 않는다.

⑦ 他顶多二十岁。

⑧ 这段路顶快也要走半小时。

⑨ 明天顶好你俩一起来。

3) '非常, 十分'

모두 정도가 높음을 나타내는데 '十分'은 그 정도가 절정에 이르렀음을 나타내고, '非常'은 그 정도가 '很'보다 높으며 '十分' 보다 낮음을 나타낸다. 그리고 '非常' 앞에는 부정부사 '不'가 쓰이지 않지만 '十分' 앞에는 '不'가 쓰일 수 있다.

① 这个经验非常宝贵。

② 我们公司非常重视市场调查。

③ 你这次干的不错，我十分满意。

④ 这几天，活儿不十分忙。

예문 ①, ②, ③에서 '非常'과 '十分'은 서로 바꿀 수 있지만 그 나타내는 정도가 다르다.

4) '很, 更, 最'

모두 정도가 높음을 나타낸다.

① 今年的收成很好。(금년 농사가 잘 되었다.)

② 今年的收成更好。(금년 농사가 더 잘 되었다.)

③ 今年的收成最好。(금년 농사가 제일 잘 되었다.)

예문 ①에서 '很'은 '好'의 정도가 일반을 초월함을 나타내고, 예문 ②에서 '更'은 '好'의 정도가 다른 해와 비교하여 일반을 훨씬 초월함을 나타내며, 예문 ③에서 '最'는 '好'의 정도가 몇 해 가운데서 절정에 이름을 나타낸다. 예문 ①, ②, ③의 성분을 확대하면 그것들의 구별이 똑똑하여진다.

① 去年的收成好，今年的收成很好。(×)

② 去年的收成好，今年的收成更好。

③ 近几年中，今年的收成最好。

위 예문에서 볼 수 있는 바와 같이 '更'과 '最'는 다른 대상과 비교하는 문장에 쓰이지만 '很'은 쓰지 못한다. 예문 ①, ②, ③을 전치사 '比'가 들어있는 비교문을 만들면 그 구별은 분명해진다.

① 今年的收成比去年很好。(×)

② 今年的收成比去年更好。

③ 今年的收成比去年最好。(×)

여기에서 볼 수 있는 바, '很', '最'는 '比'자문에 쓰이지 못하지만 '更'은 쓰일 수 있다.

④ 他在很多方面比我很强。(×)

⑤ 今天的风比昨天最强。(×)

예문 ④와 ⑤에서 '很', '最'를 쓰지 않거나 '更'으로 고쳐야 한다. 그리고 '很', '最'는 같은 종류 대상의 정도가 높음을 나타낼 수 있지만 '更'은 같은 종류 대상의 정도를 나타내지 못한다.

⑥ 他和他弟弟一样很关心集体。

⑦ 新来的班主任和老班主任一样更关心学生。(×)

⑧ 小李和小孟一样最喜欢唱歌。

예문 ⑦에서 '更'을 '很'으로 고쳐야 한다.

5) '有点儿, 稍微(稍稍), 较'

'조금'이라는 뜻으로 정도가 높지 않음을 뜻한다.

① 他的情绪有点儿紧张。

② 你来得稍微晚了一点儿。

③ 你的表较快。

'有点儿'은 다른 대상과 비교하는 문장에서 쓰지 않으나, '稍微', '较'는 비교문에 쓰일 수 있다.

④ 比较起来, 他的情绪有点儿紧张。(×)

⑤ 比较起来, 你来得稍微晚了一点儿。

⑥ 在我们几个人当中他跑的较快。

'有点儿', '较'는 '比'가 있는 문장에 쓰지 못하나, '稍微'는 '比'가 있는 문장에 쓰일 수 있다.

⑦ 他比我有点儿紧张。(×)

⑧ 你来得比我稍微晚了一点儿。

⑨ 他的表比我的较快。(×)

6) '已经(已), 曾经(曾)'

'이미', '벌써'의 뜻으로, 이것은 동사 앞에 쓰여 동작이 끝났음을 나타낸다. '已经'은 어떤 행동이나 변화가 완료되었거나 시간이 지났음을 나타내며, 때로는 미래의 동작 완료도 나타낸다. '曾经'은 어떤 동작이 이전에 있었음을 나타낸다. '일찍……였었다', '……적이 있다'의 뜻이다.

① 我们已经取得了伟大的胜利。(과거)

② 明天这个时候他已经到北京。(미래)

③ 他曾经到过广州。(과거)

'已经'과 '曾经'이 모두 과거의 완료를 나타낼 수 있지만 구별이 있다.

④ 我已经读过这本小说。

⑤ 我曾经读过这本小说。

예문 ④는 "나는 이 소설 책을 이미 다 읽었다."라는 말로서 "책을 다 보았다."는 뜻을 나타내지만, 예문 ⑤는 "나는 이 소설 책을 읽어본적이 있다."라는 말로서 "다 보았다."는 뜻이 없을 수도 있다.

'已经'은 행동이 이전에 있었으나 가능하게 지금도 지속되고 있음을 나타낸다. '曾经'은 행동이 이전에 발생했으며 지금은 지속되지 않음을 나타낸다.

⑥ 我已经丧失了信心。
⑦ 我曾经丧失了信心。

예문 ⑥은 지금도 자신감이 없다는 뜻이지만, 예문 ⑦은 과거에는 자신감이 없었지만 지금은 자신감이 있다는 뜻이다.

⑧ 我已经在这儿住了三年。
⑨ 我曾经在这儿住过三年。

예문 ⑧은 지금도 이곳에 살고 있다는 뜻이나, 예문 ⑨는 지금은 이곳에 살고 있지 않다는 뜻이다.

'曾经'은 흔히 동태조사 '过'와 함께 쓰이고, 때로는 동태조사 '了'와 쓰이기도 한다. '已经'은 흔히 동태조사 '了'와 함께 쓰이는데, 간혹 동태조사 '过'와 쓰이는 경우도 있다.

'已经'의 부정형식은 '已经不(没有)'이다. '曾经'의 부정형식은 '不曾', '未曾'으로서 고대 중국어에서 온 것이다. 때로는 '曾经'의 부정형식을 '没有……过'로 대신한다.

⑩ 他已经做了。 → 他已经不做了。
⑪ 这样盛大的场面未曾经历过。 → 这样盛大的场面没有经历过。

7) '从, 从来, 向来, 历来'

'과거 어느 한 시기부터 지금까지'라는 뜻을 나타낸다.

'从'은 뒤에 부정부사 '不', '未'와 어울려 부정문에 쓰며, 이음절 동사나 술목구를 수식하는 데 쓰며 단음절 동사를 수식하는 데는 쓰지 못한다.

① 他从不计较个人得失。
② 他工作非常认真，从未出过事故。
③ 他从不问。(×)

'从来'는 부정문에 쓰이는 경우가 비교적 많으며 긍정문에는 적게 쓰인다.

④ 他从来不骄傲。
⑤ 我从来没有见过这样好的地方。→ 我从未见过这样好的地方。
⑥ 我的屋子从来就很干净。

'向来'는 주로 긍정문에 쓰이고 부정문에 쓰이는 경우는 적다.

⑦ 他向来心直口快，有啥说啥。
⑧ 他做事向来认真。
⑨ 老杨在原则问题上向来不湖涂。

'历来'는 긍정문에만 쓰인다.

⑩ 中国的西北地区历来雨量稀少。
⑪ 这个人历来忠诚老实，可以信赖。
⑫ 我历来没有想过这些事情。(×)

예문 ⑫에서 '历来'는 부정문에 쓸 수 없으므로 '从来'로 고쳐야 한다.

8) '刚，刚刚'

시간이 금방 지나갔음을 뜻한다. '刚'과 '刚刚'은 그 뜻과 용법이 거의 같으나 '刚'은 '刚刚'보다 시간이 좀 떨어 있음을 나타낸다.

① 我刚想推门, 你就开了。
② 我刚刚想推门, 你就开了。

'刚'과 '刚刚'은 모두 수량사 앞에 쓰이는데 '刚'은 수량이 부족하다는 뜻을 나타내며 '刚刚'은 수량이 겨우 부족하다는 뜻을 나타낸다.

③ 行李刚二十公斤,没有超过规定。
④ 行李刚刚二十公斤,没有超过规定。

예문 ③은 '20 킬로그램이나 된다.'는 뜻이고 예문 ④는 '20 킬로그램이 겨우 된다.'는 뜻이다.
'刚'은 '一'와 함께 앞뒤의 동작이 아주 짧은 시간 내에 전후로 진행됨을 나타내지만 '刚刚'은 그렇게 쓰이지 않는다.

⑤ 天刚一亮, 他们就动身了。
⑥ 天刚刚一亮, 他们就动身了。(×)

9) '正, 在, 正在'

동사 앞에서 동작이 진행되고 있거나 지속되고 있음을 나타낸다.

① 小妹妹正写作业。
② 小妹妹在写作业。
③ 小妹妹正在写作业。

예문 ①에서 '正'은 동작이 진행되고 있는 시간을 나타낸다. 예문 ②에서 '在'는 동작이 지속되거나 진행중에 있음을 나타낸다. 예문 ③에서 '正在'는 동작이 발생하고 있는 시간과 동작의 진행상태를 나타낸다.
'正'이 수식하는 동사는 아주 짧은 시간내에 끝맺는 동사나 '出, 遇, 眨, 开始, 投, 到, 结束, 定' 등 진행과정이 없는 동사이다. 하지만 '在'는

이런 동사를 수식하지 못한다. 그것은 '在'가 수식하는 동사는 일정한
지속과정이 있어야 하기 때문이다.

④ 我正出门就碰上了小于。→ 我在出门就碰上了小于。(×)
⑤ 到剧场正赶上开演。→ 到剧场在赶上开演。(×)

'在'는 반복적으로 동작하거나 장기적으로 동작하는 것을 수식하지만
'正', '正在'는 그런 동작을 수식하지 못한다.

⑥ 他每天在锻炼。→ 他每天正(正在)锻炼。(×)
⑦ 我们随时在注意身体。→ 我们随时正(正在)注意身体。(×)
⑧ 韩老师经常在考虑如何尽快提高学生的汉语口语能力。
　韩老师经常正(正在)考虑如何尽快提高学生的汉语口语能力。(×)

'在'는 부분적인 시간부사 '已经', '刚', '刚刚', '还', '一直' 등의 수식을
받을 수 있으나 '正', '正在'는 이런 부사의 수식을 받을 수 없다.

⑨ 大伙儿已经在收拾场院。→ 大伙儿已经正(正在)收拾场院。(×)
⑩ 同学们刚刚在进行讨论。→ 同学们刚刚正(正在)进行讨论。(×)
⑪ 我一直在打听他。→ 我一直正(正在)打听他。(×)

명확한 발생시간이 없는 동작은 '在'의 수식을 받을 수 있지만, '正', '正
在'의 수식을 받지 못한다.

⑫ 历史在发展, 社会在前进。→ 历史正在(正)发展, 社会正在(正)前
　进。(×)
⑬ 一切事物都在发展和变化的。→ 一切事物都正(正在)发展和变化
　的。(×)

10) '将要, 快要, 就要'

미래를 나타내며, '快要'는 '将要' 보다 시간이 더 가까운 미래를 나타내며, '就要'는 '快要'보다 더 긴박하고 가까운 미래를 나타낸다.

① 我们将要毕业。
② 我们快要毕业了。
③ 我们就要毕业了。

'将要' 뒤에는 조사 '了'가 쓰이지 않지만, '快要', '就要' 뒤에는 '了'가 쓰인다.

④ 新的胜利将要来到。 → 新的胜利快要来到了。 → 新的胜利就要来到了。

'将要', '快要'는 그 앞에 시간을 나타내는 단어('已经', '都'는 예외)나 단어결합으로 된 상황어가 쓰이지 못하지만, '就要'는 이런 제한을 받지 않는다.

⑤ 上午七点半就要上课了。 → 上午七点半快要上课了。(×)
⑥ 太阳下午六点钟快要落山了。(×) → 太阳下午六点钟就要落山了。
⑦ 二〇一〇年就要到了。 → 二〇一〇年快要到了。 → 二〇一〇年将要到来。

예문 ⑦에서 '二〇一〇年'은 상황어가 아니라 주어이므로, 뒤에 '快要'나 '将要'를 모두 쓸 수 있다.

11) '果然, 居然, 竟然'

'果然'은 예측한 것과 결과가 일치함을 나타내며, '居然'은 예측한 것과 결과가 일치하지 않음을 나타내며, '竟然'은 뜻밖에 출현한 결과를 나타낸다.

① 我早就听说他会唱歌，他果然唱得蛮好。
② 我以为他不会唱歌，他居然唱得蛮好。
③ 我们的设想竟然能够成为事实。

예문 ①에서 '果然'과 예문 ②에서 '居然'은 서로 바꾸어 쓰지 못한다. '居然'은 때로 '이렇게 하기 쉽지 않은데, 이렇게 되었다.'란 뜻을 나타낸다.

④ 他居然画得这么好，真不错。
⑤ 他居然说这样的话，真不应该。

12) '偶然, 偶尔(而)'

'偶然'은 어떤 동작이나 행동의 발생이 필연적이 아닌 우연적임을 나타내나, '偶而'은 어떤 동작이나 행동이 간혹 일어나며 그 횟수가 적음을 나타낸다.

① 隧道施工的时候，偶然在这里发现了一座古墓。
② 他常常写小说，偶而也写写诗。

그러나 문장의 전후 관계에 따라 '偶然'과 '偶而'을 서로 바꾸어 쓰면 뜻은 다르지만 말은 통한다.

③ 远处，偶然传来轮船的汽笛声。

④ 远处, 偶而传来轮船的汽笛声。

예문 ③은 '우연하게 기선의 기적소리가 들려왔다.'는 뜻이고 예문 ④
는 '간혹 기선의 기적소리가 들려왔다.'는 뜻이다.

13) '就, 才'

동사 앞에서 시간을 나타낸다.

① 他前天就走了。
② 他前天才走。
③ 他明天就走。
④ 他明天才走。

화자 생각에 동작이 빠르게 발생되었다고 여기면 '就'를 쓰고, 동작이
늦게 발생되었다고 생각하는 경우에 '才'를 쓴다. 또한 '就'는 동작의
진행과정이 순조로움을 나타내며, '才'는 동작의 진행과정이 순조롭지
못함을 나타낸다.

⑤ 我找一个钟头就碰上了他。
⑥ 我找一个钟头才碰上了他。

예문 ⑤에서 '就'는 '곧', '곧장'의 뜻을 나타내고, 예문 ⑥에서 '才'는
'겨우', '가까스로'라는 뜻을 나타낸다.

⑦ 他一天就能走八十里路。 → 他一天才能走八十里路。
⑧ 他一下子就修了机器。 → 他一下子才修了机器。(×)
⑨ 他好半天才完成了作业。 → 他好半天就完成了作业。(×)

예문 ⑦에서 '一天'은 시간명사로서 '就'나 '才'를 다 쓸 수 있다. 예문

⑧에서 '一下子'는 '단번에' 라는 뜻을 가지고 있기 때문에 '就'와 호응하나 '才'와는 호응하지 않는다. 예문 ⑨에서 '好半天'은 '겨우'의 뜻을 가지고 있기 때문에 '才'와 호응되지만, '就'와는 호응하지 않는다.

14) '经常, 常常, 往往'

동작이나 상황이 수차 발생됨을 나타낸다.

① 小李一有时间就经常到图书馆。
② 小李一有时间就常常到图书馆。
③ 小李一有时间就往往到图书馆。

'经常'은 연속적이고 규칙성이 있는 동작을 수식하는데 쓰고, '常常'은 흔히 중단되고 규칙성이 없는 동작을 수식하는데 쓴다. '往往'은 지금까지 나타난 상황에 대한 총결로서 일정한 규칙성을 띠고 있는 동작을 수식한다.

④ 他经常帮助老大娘挑水、劈柴。
⑤ 小杨常常工作到深夜。
⑥ 短文往往比长篇大论效果更好。

아래 문장과 같이 '经常'과 '常常'을 서로 바꿔 쓰면 좋은 문장이라 할 수 없다.

⑦ 但是, 错误常常是正确的先导。
⑧ 我们曾经说过, 房子是应该经常打扫的, 不打扫就会积满灰尘; 脸是经常洗的, 不洗也就灰尘满面。

예문 ⑦에서 '常常'을 '经常'으로 바꾸면 '错误'는 반드시 있어야 하는 것으로 이해되고 예문 ⑧에서 '经常'을 '常常'으로 바꾸면 '打扫'나 '洗

脸'은 잦은 행동이 아니라는 것으로 이해된다.

‘经常’, ‘常常’은 권유하는 문장이나 소원을 나타내는 문장에 쓰지만 ‘往往’은 권유 문장이나 소원을 나타내는 문장에 쓰지 않는다.

⑨ 请你经常来。 → 请你常常来。 → 请你往往来。(×)

⑩ 我们要经常深入实际, 调查研究。→我们要往往深入实际, 调查研究。(×)

‘往往’이 쓰인 문장은 동작과 관계되는 어떤 조건이 구비되어야 하거나 결과가 있어야 하지만 ‘经常’과 ‘常常’은 이런 제한을 받지 않는다.

⑪ 小刘经常上街。 → 小刘常常上街。 → 小刘往往上街。(×)

⑫ 小刘经常一个人上街。 → 小刘常常一个人上街。 → 小刘往往一个人上街。

⑬ 他经常学习。 → 他往往学习。(×) → 他经常学习到深夜。 → 他往往学习到深夜。

‘经常’, ‘常常’은 과거나 미래를 나타내는 문장에 쓰이지만 ‘往往’은 과거를 나타내는 문장에만 쓰인다. ‘经常’, ‘常常’이 수식하는 동사에는 동태조사 ‘了’를 쓰지 못하지만 ‘往往’은 이런 제한을 받지 않는다.

⑭ 我们经常开展了批评和自我批评。(×)

⑮ 我们在工作中常常遇到了很多困难。(×)

⑯ 但这个人很特别, 他对什么事情都很关心, 而往往忽略了自己。

‘经常’은 ‘不经常’, ‘经常不’로 쓸 수 있으며 ‘常常’은 ‘不常’으로 쓸 수 있다. ‘往往’은 ‘往往不’로 쓸 수 있고 ‘不往往’으로 쓰지 않는다.

⑰ 他经常来。 → 他不经常来。 → 他经常不来。

⑱ 他常常来。 → 他不常来。

⑲ 小子脑袋稍微热一点, 往往不上学。 → ……, 不往往上学。(×)

15) '又, 再, 重, 还'

동사 앞에서 동작의 중복과 지속을 나타내며, '또', '다시'의 뜻이다.

① 这本书我又读了一遍。
② 这本书我再读一遍。
③ 这本书我重读(了)一遍。
④ 这本书我还要读一遍。

위 예문은 나타내려는 시간이 다르므로 각각 다른 부사를 사용하였다. 일반적으로 이미 중복된 동작을 나타낼 때 '又'를 쓰며 앞으로 중복할 동작을 나타낼 때 '再'를 쓴다.

⑤ 爷爷昨天又给我们讲了神话故事。
⑥ 我明天再来回答大家提出的问题。

중국어에서 동작을 나타내는 동사 앞에 중복을 나타내는 부사 '又', '再'를 쓰면 모두 시간과 직접 관계된다. 그러나 우리 말의 '또'는 동작의 중복만 나타내고 시간과는 관계되지 않는다. 이런 이유로 '再'를 써야 할 곳에 '又'를 쓰는 오류가 종종 있다.

⑦ 他明天再来。 → 他明天又来。(×)
⑧ 他昨天再来了。(×) → 他昨天又来了。

'又'는 일반적으로 미래의 동작 중복은 나타내지 않는다. '又'가 미래의 중복된 동작을 나타내려면 '又' 앞에 예측을 나타내는 부사 '也许, 兴许, 或许' 등이나, '又' 뒤에 능원동사 '要, 该, 可以' 또는 판단동사가 쓰여야 한다. 만일 이런 조건이 없을 경우에는 의문문이나 반문으로 미래를 나타낸다.

⑨ 这几年不时兴, 过几年或许又复原。

⑩ 后天又要看电影了。 → 后天又看电影了。(×)

⑪ 冬天到了, 又该下雪了。

⑫ 明天又是星期天〔了〕。 → 明天再是星期天。(×)

⑬ 你明天又来? → 你明天又来。(×)

'重'은 반드시 같은 동작이 반복되는 경우에만 쓰이나, '又', '再'는 이런 제한을 받지 않는다.

⑭ 老大, 你又说了大伙的心里话。

⑮ 语法课上完了, 我又上会话课。

⑯ 你刚才念错了, 重念一遍。

예문 ⑭에서 '又'는 동일한 동작의 중복을 나타내며 예문 ⑮에서 '又'는 각각 다른 동작에 대한 중복을 나타내고 예문 ⑯에서 '重'은 동일한 동작의 중복을 나타낸다.

⑰ 语文课讲了一个小时, 他重讲了历史课。(×)

이 예문에서는 '重'을 '又'로 수정하고, 또는 '历史课'를 '语文课'로 수정한다.

　'又', '再'는 시간적으로 구별이 있지만 '重'은 시간의 제한을 받지 않고 과거행동이나 미래행동의 중복에 모두 쓰일 수 있다. '重抄了一遍'이라고 할 수도 있고 '重抄一遍'이라고 할 수도 있다.

　'还'는 일정한 장면이나 문맥에서 중복을 나타낸다.

⑱ 除此之外, 还有一件事跟你们商量一下。

⑲ 他明天还来呢。

'再'는 명령문에 쓰일 수 있으나, 의문문에는 적게 쓰인다. '又'는 의문문이나 서술문에만 쓰이며 명령문에는 쓰이지 않는다. '还'는 미래 의 문문이나 서술문에만 쓰인다.

① 你明天再来!
② 你明天还来吗?
③ 他昨天又来了吗? → 他昨天还来了吗?(×)

'又'가 부정부사 '不', '没有' 앞에 쓰이면 과거동작의 중복을 부정한 다.

④ 他不来了。 → 他又不来了。
⑤ 他没有来。 →他又没有来。

반문에서는 '不', '没有'가 '又' 앞에 쓰이는 경우가 있다.

⑥ 他不又去了?
⑦ 他没有又去?

'再'가 부정부사 '不', '没有' 뒤에 쓰이면 '다시…아니하다.' 란 뜻을 나타내며 '再'가 부정부사 '不', '没有'앞에 쓰이면 '영원히 아니' 란 뜻을 나타낸다.

⑧ 不再唱了。(다시 부르지 않겠다.)
⑨ 再不唱了。(다시는 부르지 않겠다.)

시간관계가 나타나지 않은 동사 앞에는 '又'와 '再'가 서로 바꿔 쓸 수 있다. 예를 들면 '又比如', '又如'를 '再比如', '再如'로 쓸 수 있다.

16) '究竟, 毕竟'

이것은 진술문에서 '필경'이라는 뜻을 나타낼 때 서로 바꾸어 쓸 수 있다.

① 谎言究竟代替不了事实。 → 谎言毕竟代替不了事实。
② 他在这方面，毕竟是行家。 → 在这方面，他究竟是行家。

'究竟'은 의문문에 많이 쓰이며 간혹 긍정문에도 쓰이지만 '毕竟'은 긍정문에만 쓰인다.

③ 问题究竟在哪里? → 问题毕竟在哪里? (×)

17) '不, 没有'

'不'는 일반적으로 현재나 미래의 동작을 부정하는데 쓰이나, '没有'는 일반적으로 과거의 동작을 부정하는데 쓰인다.

① 我不出去了，我想在屋里看书。(미래)
② 卖瓜的不说瓜苦。(현재)
③ 他没有叫过一声苦，没有说过一句怨言。(과거)

'不'가 과거동작을 부정하자면 과거를 나타내는 시간명사를 함께 써야 한다.

④ 昨天他不去，今天去了。 → 昨天他没有去，今天去了。
⑤ 为什么上午你不来? → 为什么上午你没有来?

심리상태를 나타내는 동사는 주관적인 동기가 포함되었기 때문에 이런 동사를 부정할 경우에 '不'를 쓴다. 만일 '没有'를 써서 부정할 경우에는 이런 동사 뒤에 반드시 동태조사 '过'를 써야한다.

⑥ 我不喜欢。 → 我没有喜欢。(×) → 我没有喜欢过。
⑦ 我们不怕敌人。 → 我们没有怕敌人。(×) → 我们没有怕过敌人。

주관적 뜻이 강한 동사 '知道', '懂' 등을 부정할 경우에 '不'를 쓰고 '没有'를 쓰지 않는다.

⑧ 我也不知道。 → 我也没有知道。(×)

※ 이밖에 부정부사 '不'와 '没有'는 동일한 동작을 부정한다 하더라도 설명하려는 측면이 다름에 따라 그 뜻이 달라진다.

⑨ 班长今天<u>不</u>来。
⑩ 班长今天<u>没有</u>来。

예문 ⑨는 주관적 원인으로 '오지 않는다', 예문 ⑩은 객관적 원인에서 '오지 않았다'는 뜻이다.

不 : 우리말의 '않는다'와 비슷하여 주관적 동기와 능력을 설명하는
　　 데 쓰인다.
没有 : 우리말의 '못하였다'와 비슷한 것에 치중하여 객관적 효과와
　　 원인을 설명함.

⑪ 我<u>没有</u>做作业。

예문 ⑪은 객관적 원인과 '숙제를 하지 않았다'는 주관적 동기를 나타내는 두 가지 뜻을 나타낸다.

015 | 부사 '没有'와 동사 '没有'의 구별

부정을 나타내는 부사 '没有'는 '没'라고도 할 수 있으며 동작 행위 또는 성질, 상태를 부정한다. '不'는 모종의 염원을 부정하거나, 존재하고 있는 모종의 동작, 또는 상태를 부정한다.

他不能抬头, 不能睁眼, 不能呼吸。
他从来不打骂我们。
彭总的脸色有些不好看了。

현대중국어에서 '没有'는 부사와 동사로 쓰인다. 그럼 이것을 어떻게 구별하는가? 첫째는, '没有' 뒤에 무슨 품사가 있는지를 보는데, 만약 동사, 형용사이면 '没有'는 부사이고, 명사이면 '没有'는 동사이다. 둘째는, 그와 대응하는 긍정격식을 본다. 만약 '……了'이면, '没有'는 부사이고, 만약 '有'이면 '没有'는 동사이다.

부사 : 他没有来。　他来了。
동사 : 他没有书。　他有书。

| # 상용 전치사의 용법

1) '从, 在'

명사나 대명사와 결합하여 장소를 나타내는데 우리 말의 '에서'에 해당할 경우 혼동하여 쓰는 경우가 적지 않다. '从'은 주로 동작이 진행되는 기점을 나타낸다. '在'는 주로 동작이 진행되는 장소를 나타낸다.

① 我刚从学校来。(기점)
② 我就在学校学习。(장소)
③ 太阳从洞口射进来, 白毛女见到了光明。(기점)
④ 他在宿舍里写作业。(장소)

위 예문에서 볼 수 있는 바와 같이 그 뜻이 비슷하므로 '从', '在'가 단어결합을 이루어 나타내는 뜻을 똑똑히 알지 않으면 안된다.

⑤ 2002年春天, 她从技术推广站学习了几天。(×)
⑥ 就在这个时候, 在各个工厂矿山纷纷传来了捷报。(×)

예문 ⑤에서 '技术推广站'은 '学习'가 진행된 장소이기 때문에 '从'을 쓸 것이 아니라 장소를 나타내는 '在'를 써야 한다. 예문 ⑥에서 '各个

'工厂矿山'은 '捷报'가 '传来'한 기점이기 때문에 '在'를 쓸 것이 아니라 기점을 나타내는 '从'을 써야 한다.

⑦ 我从农村劳动。(×) → 我在农村劳动。

⑧ 我在学校回来。(×) → 我从学校回来。

⑨ 我在学生成长为教育工作者，在孩子成长为母亲。(×) → 我从学生成长教育工作者，从孩子成长为母亲。

주동자가 소유하고 있는 대상의 근원을 나타낼 경우 '从'은 '在'와 비슷한 뜻을 가지고 있다.

⑩ 这本书是我从图书馆借来的。(근원) → 这本书是我在图书馆借来的。(장소)

'从图书馆'에서 '从'은 치중하여 '这本书'의 근원을 강조하지만 '在图书馆'에서 '在'는 치중하여 동작의 발생장소를 강조한다.

⑪ 小梅从文具商店买来笔记本。(근원) → 小梅在文具商店买来笔记本。(장소)

⑫ 从抽屉里拿出钢笔。(근원) → 在抽屉里拿出钢笔。(장소)

⑬ 苹果从树上掉下来。(근원) → 苹果在树上掉下来。(장소)

'从'은 '来看(看来)'과 호응하여 객관적인 평가와 추측을 나타낸다. '在'는 '看来'와 호응하여 주관적인 인식과 견해를 나타낸다.

⑭ 从调查报告来看，犯人对这里的地形非常了解。

⑮ 在我看来，她的出发点是好的。

'从…来看(看来)'과 함께 쓰이는 단어는 주로 '事情, 方面, 问题, 现象, 经验' 등이며 '在(依)…看来'와 같이 쓰이는 단어는 주로 '我, 你, 他' 등이다.

⑯ 从这些现象看来, 他们正在研究对策。

⑰ 在我们看来, 问题不难解决。

2) '自, 自从'

'自'는 '从'과 마찬가지로 시간이나 장소의 기점을 나타낸다. '自'는 서면어에 많이 쓰이고 '从'은 구어에 많이 쓰인다. '自从'은 지나간 시간의 기점만 나타내고 장소의 기점은 나타내지 않는다.

① 自和龙开往朝阳川方面的列车的发车时间是十四点零四分。

② 自从这些青年到我厂以后, 我厂的文艺活动活跃起来了。

③ 自从下午一点到五点在会议室开会。(×) → 从(=自)下午一点到五点在会议室开会。

예문 ③에서 '自从'을 '从' 혹은 '自'로 고쳐야 하는 것은 지나간 시간을 나타내는데 쓰인 것이 아니라, 미래의 시간을 나타내는데 쓰였기 때문이다.

3) '由, 从'

시간, 활동의 기점이나 사물의 발전, 변화의 근원을 나타낼 때는 용법이 비슷하다.

① 学生由会场出来。→ 学生从会场出来。

② 我校由明年开始招收研究生。→ 我校从明年开始招收研究生。

③ 小孩真不知道由蝌蚪变成青蛙。 → 小孩真不知道从蝌蚪变成青蛙。

④ 煤日产由一百吨提高到一百六十吨。 → 煤日产从一百吨提高到

一百六十吨。

사물의 구성부분을 나타내거나 재료, 방식을 나타낼 때 술어의 주요 동사가 '组成', '构成', '形成', '产生'인 경우에는 '由'를 '从'으로 바꾸지 못한다.

⑤ 这个篮球队是由大学生组成的。 → 这个篮球队是从大学生组成的。(×)(구성)

⑥ 水是由两份氢和一份氧合成的。 → 水是从两份氢和一份氧合成的。(×) (재료)

⑦ 大会代表由民主协商, 选举产生。 → 大会代表从民主协商, 选举产生。(×)(방식)

⑧ 人体是由各种细胞组成的。

행동의 주체를 끌어들일 때 '由'는 '从'으로 바꾸지 못한다.

⑨ 二班的团支部书记由小李担任。 → 小李担任二班的部书记。 → 二班的团支部书记从小李担任。(×)

⑩ 运输问题由他们解决。 → 他们解决运输问题。 → 运输问题从他们解决。(×)

⑪ 这次会议的筹备工作由团委和学生会负责。 → 团委和学生会负责这次会议的筹备工作。 → 这次会议的筹备工作从团委和学生会负责。(×)

4) '当, 在'

문두에서 시간을 나타내는 전치사 단어결합을 이룬다.

① 当胜利的喜讯传来时, 我们激动得跳起来。

② 在入学以前, 他入了党。

문두에서 주술적 단어결합이 쓰이거나 동사구 뒤에 시간을 나타내는
단어나 단어결합이 쓰일 때 '当'과 '在'는 서로 바꾸어 쓸 수 있다.

③ 当我毕业那一年, 哥哥从外地回来了。
④ 在入学的那一天, 我亲自去见班主任。

'在'나 '当'이 문두에 쓰이고 주술적 단어결합이 쓰이거나 동사구 뒤에
방위명사가 쓰일 때 '当'과 '在'를 서로 바꾸어 쓸 수 있다.

⑤ 当同志们紧张劳动之后, 全组就抓紧进行总结。 → 在同志们紧
   张劳动之后, ……
⑥ 在春耕就要到来之前, 这个大队已经做好了一切春耕准备。
   → 当春耕就要到来之前, ……

예문 ③, ④, ⑤, ⑥에서 '当'이나 '在'가 없어도 그 뜻은 마찬가지다.
'当'은 반드시 주술적 단어결합이나 동사구 앞에 쓰이지만 '在'는 이런
제한을 받지 않는다.

⑦ 在一九四九年, 我党领导全国人民推翻了国民党反动派的反动统
   治, 建立了中华人民共和国。
⑧ 在这以前, 我还没有学过外语。
⑨ 在那时, 他就在我们家里。

예문 ⑦, ⑧, ⑨에서 '在'와 결합된 단어들은 모두 시간을 나타내는 단
어나 수식적 단어결합이므로 '当'을 쓰지 못한다. '当'이나 '在'는 흔히
'时(的时候)', '以前(之前)', '以后(之后)' 등과 호응하여 '当(在)…时(的
时候)', '当(在)…以前(之前)', '当(在)…以后(之后)' 등 같이 격식을 이룬
다.
⑩ 当祖国需要时(的时候), 我们可以献出自己的一切。

⑪ 当外国资本侵入之前(以前), 中国封建社会里就孕育着资本主义的萌芽。

⑫ 当这个战士叙述完他的故事之后(以后)……。

⑬ 当我进展屋子的时, 他们俩正在谈话。(×)

⑭ 我当回家的时候, 他已经走了。(×)

예문 ⑬에서 '的时' 뒤에 '候'를 쓰든가 그렇지 않으면 '的时'의 '的'를 쓰지 않아야 한다. 왜냐하면 중국어에서 '当…的时' 형식은 존재하지 않는다. 예문 ⑭에서 '当'을 주어 '我'와 술어 '回家'사이에 쓰면 '我'의 술어가 없어져 전후 앞뒤가 어울리지 않는다.

5) '沿着, 順着'

장소를 나타내는 단어나 단어결합과 결합하여 지나가는 노선을 나타내며, '…따라'의 뜻이다.

① 队伍沿着大道継续前进。→ 队伍順着大道継续前进。

② 雪橇順着冰雪覆盖的山坡飞快地滑行。→ 雪橇沿着冰雪覆盖的山坡飞快地滑行。

그러나 추상적인 노선을 나타내는 명사 앞에서는 '沿着'를 쓰고 '順着'를 쓰지 않는다.

③ 沿着社会主义大道阔步进行。→ 順着社会主义大道阔步进行。(×)

'順着'나 '沿着'는 구체적인 명사 '大道', '方向', '路线', '河堤' 등과 결합하여 쓰인다.

6) '按照(按着), 依照, 遵照, 本着'

동작을 진행하는 준칙이나 근거를 나타내며, '따라', '좇아' 등의 뜻이
다.

① 历史是按照客观规律发展的。→ 历史是按着客观规律发展的。
② 侦察排按着北斗星的指向, 摸到了营地。→ 侦察排按照北斗星
的指向, 摸到了营地。

'按照'는 '说', '讲', '说来'와 호응하여 '按照…说', '按照…讲', '按照…
说来(来说)'의 형식을 이루나 '按着'는 그렇지 못하다.

③ 按照历史发展的规律来说, 有压迫的地方一定有反抗。→ 按着
历史发展的规律来说,……(×)

'按'은 단음절 단어와 결합할 수 있으나 '按照'는 단음절 단어와 결합할
수 없다. '按劳分配', '按劳动量计算'으로 쓸 수 있지만 '按照劳分配'로
쓸 수 없다. '依照'는 일반적으로 '按照'와 같게 쓰이나 법률조항에는
'依照'가 쓰일 뿐 '按照'로 쓰는 것은 드물다.

④ 关于下一阶段的工作, 已经依照上级指示, 重新做了按排。→ 关
于下一阶段的工作, 已经按照上级指示……
⑤ 依照宪法规定, 我国少数民族有使用和发展本民族语言文字的自
由。

'遵照'는 '按照'의 뜻에 존경하는 감정적인 뜻까지 더 있어 '그대로 한
다'는 의미가 있다. 그리고 엄숙한 장면에 쓰여 근거의 중요한 원칙이
나 정신을 나타낸다. '遵照'는 흔히 '教导', '指示', '命令' 등과 함께 쓰
인다.

⑥ 遵照国务院的指示, 正在落实各项政策。

⑦ 遵照军委的命令, 陆海空各兵种正在加强训练。

'本着'은 어떤 준칙에 의거한다는 뜻으로 '精神, 态度, 原则, 方针, 指示' 등 추상명사와 호응하는데 이런 추상명사 앞에는 수식성분이 있어야 한다.

⑧ 我们要本着实事求是的精神处理问题。

⑨ 我们要本着按劳分配的原则搞好收入分配。

7) '向, 朝, 往'

이것은 동작의 방향을 나타낸다.

① 中国人民正向四个现代化的宏伟目标奋勇前进。

② 我们家是坐东朝西。

③ 从这儿一直往东走, 看见十字路口再往南走就到了。

활동체가 어떤 방향으로 위치를 이동할 때, '向', '朝', '往'을 서로 바꾸어 쓸 수 있다.

④ 那个人向大门走去。→ 那个人朝大门走去。→ 那个人往大门走去。

⑤ 我们现在要朝北走。→ 我们现在要向北走。→ 我们现在要往北走。

물체의 방향을 가리키기만 하고 이동을 나타내지 않을 때, '向', '朝' 만 쓸 수 있다.

⑥ 这家大门向东开 → 这家大门朝东开 → 这家大门往东开(×)

'向'은 단음절 동사 '走, 奔, 冲, 飞, 流, 飘, 滚, 转, 倒, 驶, 通, 折, 偏, 指, 射, 杀, 刺, 引, 推' 등 소수 동사 뒤에 쓰고, '往'은 '开, 奔, 通, 迁, 送, 寄, 运, 派, 飞, 逃' 등 소수 동사 뒤에 쓰이며 '朝'는 동사 뒤에 쓰지 못한다.

⑦ 这条马路通向广场。→ 这条马路通往广场。→ 这条马路通朝广场。(×)

⑧ 他们走向工地。→ 他们走往工地。(×)

⑨ 这趟列车开往长春。→ 这趟列车开向长春。(×)

'向', '朝'가 사람을 나타내는 보통명사나 인칭대명사와 결합하여 동작의 대상을 가리킬 때 술어는 반드시 '笑, 招手, 点头, 摇头, 作鬼脸' 등 신체에 관계되는 동작, 자태를 나타내는 동작, 술목구이어야 한다. 그러나 '往'은 이렇게 쓰이지 못한다.

⑩ 小李朝〔着〕大伙微笑。→ 小李向〔着〕大伙微笑。→ 小李往大伙微笑。(×)

⑪ 车厢里的人向我招手。→ 车厢里的人朝我招手。

⑫ 老师向我点头。→ 老师朝我点头。

만약, 술어가 '学习, 负责, 了解, 介绍, 指出, 打听' 등 추상적인 동사일 때 '向'을 쓰고 '朝'와 '往'은 쓰지 않는다.

⑬ 我们向雷锋同志学习。→ 我们朝雷锋同志学习。(×)

⑭ 我们向人民负责。→ 我们朝人民负责。(×)

⑮ 我们向您介绍我校的情况。→ 我们朝您介绍…。(×)

'往'은 고유장소명사와 결합할 때 방위명사를 쓰지 않으며 보통장소명사와 결합할 때 방위사를 써도 되며 보통명사와 결합할 때 반드시 방위사를 써야 한다. 그러나 '向', '朝'는 이런 제한을 받지 않는다.

⑯ 猎人往野猎头上打了一枪。→ 猎人往野猎头打了一枪。(×)

　　→ 猎人朝野猎头上打了一枪。→ 猎人朝野猎头打了一枪。

⑰ 你朝我看。→ 你朝我这儿看。→ 你往我看。(×) → 你往我这儿看。

8) '为，为了，为着'

목적과 원인을 나타내며, '위하여', '때문에'의 뜻이다.

① 我们为国家的统一奋斗到底。→ 我们为了国家的统一奋斗到底。

　　→ 我们为着国家的统一奋斗到底。

② 我们为了一个共同的目标走到一起来了。→ 我们为一个共同的
　　目标走到一起来了。

③ 他们已经为着农业生产的大发展，打下了良好的物质基础。(×)

예문 ③에서 '为着'를 '为了'나 '为'로 고쳐야 한다. 왜냐하면 '为着'는
지속성을 가지고 있는 문장에만 쓰이기 때문이다. '打下了良好的物质
基础'는 이미 동작이 완결되었음을 말하기 때문에 '为着'를 쓰지 못한
다.

④ 我们要全心意为人民服务。→ 我们要全心意为了人民服务。(×)

⑤ 他为我指出今后努力的方向。→ 他为了我指出今后努力的方向。(×)

행동의 대상을 소개할 때 '为'를 쓰며 '为了'나 '为着'를 쓰지 않는다.

9) '对，对于'

'대하여'의 뜻으로 대상을 나타낸다. '对于'를 써서 대상을 나타내는 문
장에서는 '对于' 대신 '对'를 바꿔 쓸 수 있지만 '对'를 써서 대상을 나
타내는 문장에서는 '对于'를 쓰지 못하는 경우가 있다.

① 我们对任何问题都要做具体分析。→ 我们对于任何问题都要做
具体分析。

② 我们应当征求他们对这件事的意见。→ 我们应当征求他们对于
这件事的意见。

'对持', '向', '跟'의 뜻이 있는 전치사구에서 '对'는 '对于'로 바꾸어 쓸
수 없다.

③ 我们对人民负责。→ 我们对于人民负责。(×)

④ 我们大家对党是忠诚老实的。→ 我们大家对于党是忠诚老实的。
(×)

⑤ 我们决不能对困难低头。→ 我们决不能对于困难低头。(×)

⑥ 对这种人, 应该对他说, 你的教条一点什么用处也没有。→ 对于
这种人, 应该对他说, 你的教条一点什么用处也没有。→ 对于这
种人, 应该对于他说…… (×)

'对他说'에서 '对'는 '跟'이나 '向'의 뜻이 있으므로 '对于'로 바꾸지 못
한다. 주어 뒤에서 사람과 사람과의 관계를 나타낼 때 일반적으로 '对'
를 쓰고 '对于'는 쓰지 않는다.

⑦ 他对你说了些什么? → 他对于你说了些什么? (×)

⑧ 小王对我招手。→ 小王对于我招手。(×)

'对'로 이루어진 전치사구는 능원동사나 부사의 앞뒤에 두루 쓰일 수
있지만 '对于'로 이루어진 전치사구는 능원동사나 부사 앞에서 만 쓰일
수 있다.

⑨ 我们会对这件事作出安排的。 → 我们对这件事会作出安排的。
→ 对于这件事, 我们会做出安排的。→ 我们会对于这件事作出
安排的。(×)

⑩ 大家都对这个问题很感兴趣。 → 大家对这个问题都很感兴趣。
→ 对于这个问题，大家都很感兴趣。 → 大家都对于这个问题很
感兴趣。(×)

그리고 다른 허사(虚词)를 써야 할 곳에 '对'나 '对于'를 쓰는 폐단이
흔히 생긴다.

⑪ 他对自己的行为找了好些理由。(×)
⑫ 这对于我们今后的工作创造了有利的条件。(×)

예문 ⑪, ⑫의 '对', '对于'를 '为'나 '给'로 바꾸어 써야 한다.

현대 중국어에는 '对(于)…上'이나 '对(于)…方面'의 형식이 존재하지
않는다.

⑬ 一个真正的革命者不应对个人的问题上考虑过多。(×)
⑭ 我们对技术改革方面没有把握。(×)

예문 ⑬에서 '对'를 '在'로 바꾸어 쓰든지, '上'을 쓰거나 쓰지 않아야
한다. 예문 ⑭에서는 '方面'을 쓰지 않거나, 또는 '对'를 '在'로 바꾸어
써야 한다.
또한 일반적 문장에서 '对', '对于'를 많이 쓰고 있는데, 어떤 것은 불필
요한 경우가 있다.

⑮ 他对问题的处理能掌握原则。(×)
⑯ 他负责对于宣传工作的领导。(×)

예문 ⑮를 '他处理问题能掌握原则'라고 하면 더 무난하다. 예문 ⑯에
서는 '对于'를 쓰지 말아야 한다.
'对'의 사용에서 '누가 누구에 대하여'를 똑똑히 하여야 한다.

⑰ 工厂的情况对我是很熟悉的。(×)

'工厂的情况'이 '我'에 대하여 '熟悉'한 것이 아니라, '我'가 '工厂的情况'에 대하여 '很熟悉'한 것으로 표현되어야 한다. 따라서 예문을 '我对工厂的情况是很熟悉的.'로 써야 한다.

10) '对于, 关于'

연관된 뜻과 대상의 뜻이 모두 있을 때 '对于'나 '关于'를 두루 쓸 수 있다.

① 对于这个问题, 我没有发言权。→ 关于这个问题, 我没有发言权。

'对于'로 이루어진 전치사구는 주어 앞과 뒤에서 상황어로 될 수 있지만 '关于'로 이루어진 전치사구의 상황어로 될 때는 주어 앞에 놓인다.

② 对于信息处理, 我知道得很少。→ 我对于信息处理知道得很少。
③ 关于信息处理, 我知道得很少。→ 我关于信息处理知道得很少。
  (×)

'关于'로 이루어진 전치사구는 단독으로 글의 제목으로 되지만 '对于'로 이루어진 전치사구가 글의 제목으로 되려면 반드시 '对于…的 + 명사'의 형식으로 표현되어야 한다.

④ 关于整风问题 → 对于整风问题(×) → 对于整风问题的看法。

| # 상용 접속사의 용법

1) '和, 跟, 同, 与'

'과(와)'의 뜻을 나타내는 것으로, 단어를 연결하는 점에서 같으나, 쓰임에 있어서는 각각 다르다.

'和'는 접속사로 쓰이고 때로는 전치사로도 쓰인다. '跟'은 구어에 쓰이는 데 주로 전치사로 쓰이고 때로는 접속사로도 쓰인다. '同'은 서사어에 쓰이는데 주로 전치사로 쓰이고 때로는 접속사로도 쓰인다. '与'는 서면어에 쓰이는 데 주로 접속사로 쓰이며 책명이나 글의 제목에 많이 쓰이며, 전치사로 쓰이는 경우도 있다.

① 今天参加会议的人员主要是教师和学生。(접속사)
② 你和大家说说自己的想法。(전치사)
③ 你们班跟他们班都是先进班。(접속사)
④ 小王跟小李借一本书。(전치사)
⑤ 李民同小华都是海兵队战士。(접속사)
⑥ 妹妹同姐姐相反, 学得更好。(전치사)
⑦ 应该开展批评与自我批评。(접속사)

⑧ 我们与困难作斗争。(전치사)

위 예문에서 '和', '跟', '同', '与'는 모두 상황과 문맥에 따라 접속사인
가 전치사인가를 구별하였다. 그러나 구어와 서면어의 구분도 절대적
이 아니다. 만일 '和', '跟', '同', '与'가 이어주는 앞뒤 단어들의 음이 같
거나 비슷할 때에는 두루 쓸 수 있다.

⑨ 栽树要注意根儿和根儿之间的距离。
⑩ 言语和语言的关系要弄清楚。
⑪ 分裂和统一是对立的。

예문 ⑨에서 접속사 '和'를 '跟'으로, 예문 ⑩에서 접속사 '和'를 '与'로
, 예문 ⑪에서 '和'를 '同'으로 각각 바꾸어 쓰면 읽을 때 아주 어색해진
다. '和', '跟', '同', '与'는 접속사의 특징과 전치사의 특징을 가지고 있
다.

⑫ 那本书, 我和你都看过。 → 那本书, 你和我都看过。(접속사)
⑬ 你听听, 我和你说几句。 → 你听听, 你和我说几句。(×)(전치사)

예문 ⑫에서 '和'는 접속사이다. '我和你'는 병렬적 관계를 이루어 술
어 '看'의 주어로 된다. 그러므로 '我和你'를 '你和我'로 바꾸어도 기
본 뜻은 변하지 않는다. 예문 ⑬에서 '和'는 전치사이다. '我'와 '你'가
'和'에 의해 병렬적으로 결합되어 공동으로 '说'의 주어로 되는 것이
아니라, '和', '你'가 전치사구를 이룬 다음 '说'의 대상으로 된다. 그러
므로 '我和你'를 '你和我'로 고치려면 '你听听'도 '我听听'으로 고쳐야
한다. 그러면 원뜻과 같게 된다.

⑭ 姐姐和妹妹上街了。

위 예문은 두가지로 해석된다. 하나는, '언니는 여동생과 같이 거리로
갔다.'는 것으로 '和'는 전치사이다. 다른 하나는, '누나와 동생이 거리

로 갔다.'는 것으로 '和'는 접속사이다. 그러므로 어떤 접속사는 문맥과 상황에 따라 전치사도 되고 접속사도 된다.

'和', '跟', '同', '与'가 있는 문장의 술어 앞에 범위부사 '都'를 쓸 수 있으면 접속사이고 '和', '跟', '同', '与'의 앞에 능원동사나 부사를 쓸 수 있으면 전치사이다.

⑮ 我和弟弟商量问题。(전치사) → 我和弟弟都商量问题。(×) → 我
   人和弟弟商量问题。

⑯ 外祖母和母亲也相信, 便不再驳回, 都微笑了。(접속사)

⑰ 我不想同任何人打架, 虽然我并不怕打架。(전치사)

위 예문은 명사 두 개와 명사구에서 쓰인 접속사와 전치사이다.

만약, 세 개 이상의 단어나 단어결합이 병렬될 경우 접속사 '和'는 마지막의 병렬된 단어 앞에 쓰지만 '跟', '同', '与'는 이렇게 쓰지 못한다.

⑱ 我家三口人, 爸爸、妈妈和我。

⑲ 小王、小李和小张都是山西人。

한 문장안에 접속사 '和', '同'과 전치사 '和', '同'을 쓸 필요가 있을 경우에 뜻을 명확하게 하기 위하여 습관적으로 '和'를 접속사로 쓰고 '同'을 전치사로 쓴다.

⑳ 有事同老师和同学们商量。

㉑ 我们要同不利于学校发展的言论和行动作坚决的斗争。

2) '和, 及, 以及'

'和'는 동등한 자격을 가진 명사나 명사구를 이어주므로 '和' 앞뒤의 명사나 명사구를 서로 바꿀 수 있다. '及'는 일반적으로 동등한 자격을 가지지 않는 명사나 명사구를 이어주거나 습관적으로 앞과 뒤에 놓이는 명사나 명사구를 이어주므로 '及' 앞뒤의 명사나 명사구를 서로 바꾸지 못한다. '及' 앞 부분이 주요하고 '及'의 뒤 부분은 그 다음이다. '以及'도 '及'와 마찬가지로 주된 차이가 있고, 경중이 있는 명사나 명사구를 이어주는 것 이외에 문절도 이어준다.

① 爸爸、妈妈和哥哥都不在家。
② 钢铁、煤炭、石油及其他工业生产计划完成较好。
③ 工人、农民及商业人士都参加了这次活动。
④ 本站经销电视机、收音机、录音机以及各种零件。
⑤ 他问了我许多问题：那里的气候怎么样，生活过得惯不惯，以及当地的老乡对我们怎么样，等等。

예문 ①에서 '和'의 앞뒤 대상을 서로 바꾸어도 뜻은 변하지 않지만 습관상 높은데부터 이야기하거나, 낮은데로부터 이야기한다. 예문 ②에서 '及'는 그 앞뒤 대상을 서로 바꾸지 못한다. 예문 ③에서 '及'의 앞뒤의 대상을 서로 바꿀 수 있지만 습관상 바꾸지 않는다. 예문 ④에서 '以及'는 '及'와 같이 쓰인다. 그러므로 '以及' 앞뒤의 대상을 서로 바꾸지 못한다. 예문 ⑤에서 '以及'는 문절의 전후 차이를 나타낸다.

3) '并, 并且, 而, 和'

동사나 형용사를 이어준다. '并'은 이음절 동사를 이어주며, '并且'는 동사나 형용사를 이어주며, '而'는 주로 형용사를 이어준다. '和'는 동사와 형용사도 이어준다.

① 政协的负责人参加并主持了今天的会议。

② 要継続保持并且发扬优良传统。

③ 这间房子宽敞并且明亮。

④ 文章长而空固然不好, 短而空也不好。

‘并’은 동사를 이어줄 경우에는 그 용법이 ‘并且’와 같다. ‘并且’가 이음절 형용사를 이어줄 경우에 ‘而’과 같다.

‘和’는 명사나 명사구를 이어줄 뿐만 아니라 동사나 형용사도 이어준다. 주어, 목적어, 규정어로 된 동사나 형용사를 이어줄 경우 아무런 제한이 없지만, 술어로 된 동사를 이어줄 때는 일정한 조건이 요구된다.

⑤ 一种制度的发展和完善是一个长期的历程。

⑥ 当然, 儿子根本没有想过这些, 从来就不问他的冷和缓。

‘和’가 술어로 된 이음절 동사를 이어주는 경우에 그 두 동사는 반드시 같은 목적어를 가져야 한다.

⑦ 我们必须反对和防止分散主义。

⑧ 大会讨论和通过了有关决议。 → 大会讨论并通过了有关决议。

⑨ 要保持并发扬优良传统。 → 要保持和发扬优良传统。

‘和’로 이어진 두 동사가 전후관계를 나타내는 경우에는 ‘和’를 쓸 것이 아니라, ‘并’이나 ‘并且’를 써야 한다.

⑩ 会议讨论了改革的问题和通过了有关决议。(×) → 会议讨论了改革的问题并通过了有关决议。

예문 ⑩에서 ‘讨论’이 가지고 있는 목적어와 ‘通过’가 가지고 있는 목적어가 다르기 때문에 ‘和’를 쓰지 못한다.

⑪ 乘务员不顾疲劳协助旅客整理卧具和带领我们下车。(×)

예문 ⑪에서 ‘整理’와 ‘带领’은 다른 목적어를 갖고 있으므로 ‘和’ 대신

'并且'를 써야 한다.

'和'가 형용사를 이어주는 경우에 두 형용사 앞에 그 두 형용사를 공통적으로 수식하는 성분이 쓰이거나 그렇지 않으면 두 형용사가 함께 수식성분으로 되어 공통적으로 피수식 성분을 수식하여야 한다.

⑫ 这篇文章简明而有力。 → 这篇文章简明和有力。(×) → 这篇文章非常简明和有力。

⑬ 他们的品质是纯洁而高尚。 → 他们的品质是纯洁和高尚。(×) → 他们的品质是那样地纯洁而高尚。 → 他们的品质是那样地纯洁和高尚。

⑭ 这场斗争尖锐而复杂。 → 这场斗争尖锐和复杂。(×) → 这是一场尖锐而复杂的斗争。 → 这是一场尖锐和复杂的斗争。

4) '或者, 或'

'或者'는 선택을 나타내며, 하나만 쓸 수도 있고, 두 개 또는 세 개를 쓸 수 있다.

⑮ 徜能多花一文, 便可以买盐煮笋, 或者茴香豆, 做下酒物了。

⑯ 德国兵把他们赶到寒冷的外屋去, 或者干脆赶到屋子外边去挨冻。

⑰ 每天清晨都有许多人在公园里锻炼, 或者跑步, 或者打拳, 或者做操。

'或'의 용법은 '或者'와 같다. 그러나 일부 고정 형식에서는 '或' 만 쓰고 '或者'는 사용하지 않는다.

⑱ 或多或少, 或前或后

018 상용 조사의 용법

1) '的'

주로 한정어와 피한정어 사이에 쓰여 수식관계를 나타낸다.

① 我们又发现了新的情况。→ 我们又发现了新情况。

② 这是我的妹妹。→ 这是我妹妹。

③ 我们迎来了科学的春天。→ 我们迎来了科学春天。(×)

④ 这是你的问题，不是他的问题。 → 这是你问题，不是他问题。
  (×)

⑤ 我不会忘记这次的实习。→ 我不会忘记这次实习。

'的'의 구체적인 용법은 다음과 같다.

(1) 한정어와 명사로 된 피한정어가 이미 굳어져서 한 개 단어처럼 된 경
  우에 일반적으로 '的'를 쓰지 않는다.

思想方法　　经济政策　　语文教学　　日语讲座
铸造车间　　救护设备　　绝对真理　　人造卫星

그러나 한정어와 피한정어가 소속관계를 나타낼 경우에 한정어와 피한정어 사이에 '的'를 써야 한다.

弟弟的书包 → 弟弟书包(×)
同志们的情况 → 同志们情况(×)
爸爸的眼镜 → 爸爸眼镜(×)

(2) 타동사가 한정어로 될 경우 '的'를 써야 한다.

发表的社论   研究的问题   学习的理论
买的书   提出的意见   批评的人

그러나 타동사로 된 한정어와 명사로 된 피한정어가 술목적 관계가 아닌 경우 '的'를 쓰지 않아도 된다.

学习的态度 → 学习态度   管理的方法 → 管理方法
参考的资料 → 参考资料

만약 동사로 된 한정어 앞에 부사가 쓰이면 동사로 된 한정어 뒤에 '的'를 써야 한다.

参考资料 → 不参考资料(×) → 不参考的资料
参观地点 → 已经参观地点(×) → 已经参观的地点

(3) 단음절 형용사가 한정어로 될 경우 일반적으로 '的'를 쓰지 않지만 강조할 때는 쓸 수 있다.

新风尚和旧习惯要加以区别。
这不是旧的习惯, 而是新的风尚。 → 这不是旧习惯, 而是新风尚。

이음절 형용사가 한정어로 될 경우 일반적으로 '的'를 쓰나, 한정어와 피한정어가 굳어진 것은 '的'를 쓰지 않는다.

那时候, 指挥部开了紧急会议。

형용사로 된 한정어가 중첩하였거나, 형용사 앞에 부사가 쓰였을 때 반드시 '的'를 써야 한다.

弯道 → 弯弯的道路 → 弯弯道路(×)

长脸 → 长长的脸 → 长长脸(×)

干净(的)教室 → 干干净净的教室 → 干干净净教室(×)

糊涂人 → 湖里糊涂的人 → 湖里糊涂人(×)

沉甸甸的稻穗 → 沉甸甸稻穗(×)

笑嘻嘻的样子 → 笑嘻嘻样子(×)

好事情 → 很好的事情 → 很好事情(×)

大房子 → 不大的房子 → 不大房子(×)

그러나 시가(诗歌)에서 박자를 고려하여 중첩된 형용사 뒤에도 '的'를 쓰지 않는 경우가 간혹 있다. 예를 들면, '小小的竹排'를 '小小竹排'로 할 때도 있다. 형용사로 된 한정어가 병렬된 명사를 수식하거나 병렬된 형용사가 하나의 명사를 수식할 경우 한정어와 피한정어 사이에 반드시 '的'를 써야 한다.

正确的立场、观点、方法 → 正确立场、观点、方法 (×)

伟大的、光荣的、正确的党 → 伟大、光荣、正确的党 → 伟大、光荣、正确党(×)

(4) 개체양사가 있는 수량사가 한정어로 될 경우 '的'를 쓰지 않으나 도량형 양사와 임시양사가 있는 수량사가 한정어로 될 경우에는 '的'를 쓸 수도 있다.

一本书 → 一本的书(×)

五位小姐 → 五位的小姐(×)

三斤鱼 → 三斤的鱼

五公斤油 → 五公斤的油

一箱子书 → 一箱子的书

一碗水 → 一碗的水

(5) 인칭대명사로 된 한정어가 소속관계를 나타낸 경우 한정어 뒤에 '的'를 쓴다.

你的意见 → 你意见(×)

他的申请书 → 他申请书(×)

我的想法 → 我想法(×)

그러나 의문이나 반문을 나타낼 때 인칭대명사 뒤에 '的'를 쓰지 않아도 된다.

我的钢笔怎么没有啦? → 我钢笔怎么没有啦?

你的票呢? → 你票呢?

피한정어가 단체를 나타내는 명사일 경우 인칭대명사 뒤에 '的'를 쓰지 않아도 된다.

我们党 → 我们的党

我党 → 我的党(×)

你们厂 → 你们的厂

他们国家 → 他们的国家

我们单位 → 我们的单位

인칭대명사로 된 한정어가 친족을 나타내는 명사를 수식할 경우 흔히 인칭대명사 뒤에 '的'를 쓰지 않는다.

他娘 → 他的娘

我父亲 → 我的父亲

你弟弟 → 你的弟弟

지시대명사가 한정어로 될 경우 '的'를 쓰지 않는다.

这东西 → 这的东西(×)

那时候 → 那的时候(×)

그러나 지시대명사가 성질이나 상태를 나타낼 경우 '的'를 쓸 수 있다.

这样现象 → 这样的现象

那样人 → 那样的人

의문대명사 '谁'가 규정어로 될 경우 '谁家' 등 습관용법 이외에는 '谁'의 뒤에 '的'를 쓴다.

谁的意见 → 谁意见(×)

谁的书 → 谁书(×)

(6) 단어결합이 한정어로 될 경우 단어결합 뒤에 일반적으로 '的'를 쓴다.

最新最美的图画 → 最新最美图画(×)

参加大会的代表 → 参加大会代表(×)

2) '地'

'地'는 상황어와 술어 사이에 쓰여 수식관계를 나타낸다. 일반적으로 말하면 피수식어가 문장에서 술어로 되면 피수식어 앞에 '地'를 쓰고 피수식어가 문장에서 주어나 목적어로 되면 피수식어 앞에 '的'를 쓴다.

① 挖掘潜力，彻底地解决了人力不足的问题。

② 彻底的解决，有待于大家的努力。

③ 人力不足的问题已经彻底地解决了。

④ 人力不足的问题已经得到彻底的解决。

예문 ①과 ③에서 '解决'가 문장에서 술어로 되기 때문에 '解决' 앞에 '地'를 쓰고 예문 ②와 ④에서 '解决'는 각각 문장에서 주어와 목적어로 되었기 때문에 '解决' 앞에 '的'를 썼다.

⑤ 他紧紧的握住我的手。(×) → 他紧紧地握住我的手。

⑥ 对于别人的意见，我们必须虚心的加以考虑。(×) → ……我们必须虚心地加以考虑。

⑦ 这个问题我们要认真的进行思考。(×) → 这个问题我们要认真地进行思考。

⑧ 大家整整齐齐的排成了三行。(×) → 大家整整齐齐地排成了三行。

만일 피수식어가 중첩된 동사라면 문장에서 어떤 성분으로 되든지 관계없이 피수식어 앞에 반드시 '地'를 써야 한다.

⑨ 认真地研究研究很有必要。

⑩ 认真地研究研究上级指示的精神。

예문 ⑨에서 '研究研究'는 '认真'과 함께 문장에서 주어로 되며 예문 ⑩에서 '研究研究'는 문장에서 술어로 된다. 상황어와 술어사이에 반드시 '地'를 써야 한다는 것은 결코 아니다.

※ '地'의 구체적인 용법은 다음과 같다.

(1) 소수의 추상명사가 상황어로 될 경우 명사 뒤에 반드시 '地'를 써야 한다.

科学地论证

形式主义地看问题

历史地考察

机械地搬用

(2) 이음절 동사가 상황어로 될 경우 서면어에서는 '地'를 쓰지만 구어에
서는 때론 '地'를 쓰지 않는다.

胜利(地)完成

拼命(地)学习

来回(地)奔跑

批判地吸收 → 批判吸收(×)

(3) 단음절 형용사가 상황어로 될 경우 형용사 뒤에 '地'를 쓰지 않는다.

快走　大叫　小跑　高喊　低飞　猛打

이음절 형용사가 상황어로 될 경우 상황어와 술어가 항상 함께 쓰이는
것들은 형용사 뒤에 '地'를 쓰지 않아도 되지만, 항상 호응하여 쓰지 않
는 것들은 형용사 뒤에 '地'를 써야 한다.

认真(地)研究　　详细(地)谈　　彻底(地)消灭

迅速(地)转移　　严肃(地)处理

勇敢地捍卫 → 勇敢捍卫　　兴奋地说 → 兴奋说(×)

중첩된 형용사가 상황어로 될 경우 형용사 뒤에 '地'를 써도 되고 쓰지
않아도 되다.

慢慢(地)走　　好好(地)学习　　高高兴兴(地)回去　　仔仔细细(地)读完

형용사 앞에 부사가 쓰여 상황어로 될 경우 상황어 뒤에 '地'를 쓴다.

很出色地完成　　最清楚地看到　　极大地鼓舞

그러나 개별적인 단음절 형용사 앞에 부사가 쓰였을 경우는 예외가
있다.

很好(地)学习　　很快(地)写完　　很难估计　　很少提问

(4) 사물양사로 된 수량사가 중첩되어 상황어로 될 경우 수량사 뒤에 '地'
를 써야 한다. 그러나 동량사가 중첩되어 상황어로 될 경우 수량사 뒤
에는 '地'를 써도 되고 쓰지 않아도 된다.

一群一群地回来　　一件一件地解决　　一条一条地写
一遍一遍(地)谈　　一次一次(地)调查　　一次一次(地)解释
一步一步(地)走

동량사로 된 수량사가 상황어로 될 경우 수량사 뒤에 '地'를 쓰지 않지
만 수량사 앞에 부사가 쓰였을 경우 '地'를 쓸 수도 있다.

一次证明 → 一次地证明(×) → 又一次(地)证明

(5) 지시대명사 '这么', '那么', '这样', '那样' 등이 상황어로 될 경우 구어
에서는 상황어 뒤에 '地'를 쓰지 않으나 서면어에서는 간혹 '地'를 쓰
는 경우도 있다.

这么干　　那么做　　这样说　　那样(地)看问题

(6) 부사가 상황어로 될 경우 부사 뒤에 일반적으로 '地'를 쓰지 않지만
소수의 이음절 부사 '已经, 常常, 永远, 偶尔, 非常, 十分' 등 뒤에는
'地'를 쓸 수도 있다.

经常(地)来　　偶尔(地)出现　　非常(地)重视

(7) 단어결합이 상황어로 될 경우 단어 결합 뒤에 '地'를 쓴다.

或多或少地解决　　指手划脚地讲　　意味深长地说

3) '得'

'得'는 동사나 형용사로 된 술어와 보어 사이에 쓰인다. 술어와 보어 사이에 반드시 '得'를 써야 한다는 것은 아니다.

① 你做好跳的准备。→ 你做得好跳的准备。(×)
② 这个东西好极了。→ 这个东西好得极了。(×)
③ 他最近忙得一点儿空也没有。→ 他最近忙一点儿空也没有。
④ 他的字迹清楚得很。→ 他的字迹清楚很。(×)

예문 ①과 ②에서 술어와 보어 사이에 '得'를 쓰지 못하며 예문 ③에서 술어와 보어 사이에 '得'를 쓰는 것과 쓰지 않는 것은 뜻이 같지 않다. 예문 ④에서 술어와 보어 사이에 반드시 '得'를 써야 한다.
문장을 쓸 때 '的', '地', '得'를 알맞게 골라 써야 한다.

⑤ 他高兴地说不出话来。(×) → 他高兴得说不出话来。
⑥ 他激动得说：“我一定好好学习。”(×) → 他激动地说：“我一定好好学习。”

예문 ⑤에서 '高兴'은 술어이므로 '地'대신 '得'를 써야 하며, 예문 ⑥에서 '说'는 술어이므로 상황어 '激动' 뒤에 '地'를 써야한다.
어떤 경우에는 '的'를 쓰거나 또는 '得'를 써도 다 말이 통한다. 그러나 문장 구성이 다르므로 그가 표현하려는 뜻도 다르다. 그러므로 사용하는 내용에 따라 바르게 골라 써야 한다.

⑦ 他说的一点儿都不差，确实是那样。
⑧ 他说得一点儿都不差，确实是那样。

예문 ⑦에서 주어는 '他说的'이고 술어는 '差'이다. '말한 것이 조금도 차이가 없다.'는 뜻을 나타내고 예문 ⑧에서 '说'는 술어이고 '一点儿都

不差'는 보어이다. '조금도 차이가 없이 말하였다.'는 뜻을 나타낸다.

※ '得'의 구체적인 용법은 다음과 같다.

(1) 추향동사가 보어로 될 때 동사와 추향동사 사이에 '得'를 써서 추향의 가능성을 나타낸다.

说出 → 说得出   走进去 → 走得进去
爬上去 → 爬得上去   飞上去 → 飞得上去

(2) 의문대명사 '怎样', '怎么样'이나 중첩된 형용사가 결과보어로 될 때 보어 앞에 '得'를 쓴다.

做得怎样   打得怎么样   坐得满满的   打扫得干干净净

(3) 부사 '很'이 보어로 될 때 보어 앞에 '得'를 쓴다.

好得很   喜欢得很   行动快得很

(4) 단어결합이 보어로 될 경우 단어 결합 앞에 '得'를 쓴다.(전치사구 예외)

修得又快又好   跑得很快   激动得流泪   打得敌人到处碰壁   打得落花流水

4) '所'

'所'는 타동사 앞에 쓰여 타동사가 명사의 수식어로 되게 한다. '所'와 결합된 동사와 피수식어로 된 명사는 의미상에서 술목구이어야 한다.

① 你所说的话都得负责任。
② 我校所学习的学生都是韩国留学生。(×)

예문 ①에서 '所说的'는 '话'의 수식어지만 의미상에서는 '说话'의 과거형으로 된다. 예문 ②에서 '所学习的'는 '学生'의 수식어이기는 하지만 의미상에서 '学习学生'은 술목구를 이루지 못하므로 '所'를 쓰지 말고 '在我校学习的学生'으로 하면 된다.

③ 中午十二点以前, 所请的人都到了。
④ 他是我们所熟悉的一位老师。
⑤ 这是我们所劳动的结果。(×)
⑥ 最近所出品的拖拉机深受消费者的欢迎。(×)

예문 ⑤에서 '劳动'은 자동사이기 때문에 '所'가 앞에 쓰이지 못한다. 예문 ⑥에서 '出品'은 술목구를 이루지 못하기 때문에 '出品'을 '生产'으로 고쳐야 한다.

또한 '所'는 '被(为)'와 호응하여 피동을 강조한다.

⑦ 这种论点已被无数事实所证明, 是正确的。
⑧ 为人所笑。

5) '了'

'了'는 문장론적 기능과 결합관계에 따라 동태조사와 어기조사로 나눈다.

(1) 동태조사 '了'

동태조사 '了'는 동사 뒤에 쓰여 동작이 완료 되었음을 나타낸다. 만일 동사가 목적어를 가지고 있다면 '了'는 목적어 앞에 쓰인다.

현대 중국어에서 동작의 완료와 시간의 과거는 같지 않은 두 가지 개념이다. 중국어에서 시간 개념은 주로 시간부사, 시간명사로 나타내는 것 이외에 단어와 단어의 결합관계에서 나타나거나 언어 환경에 의하여 나타난다.

① 我已经通知了小张。(과거)
② 去年，我们办了两期短训班。(과거)
③ 上星期五因为下雨，所以我没有回家。(과거)
④ 明儿下了课，我们一块儿去。(미래)
⑤ 我妈妈说，到了春天，映山红开了，全家人一起野游去。(미래)

물론 많은 경우에 동작의 완료와 시간의 과거는 서로 연계되어 있다. 예문 ①,②에서 '已经', '去年'은 동작의 완료를 나타내는 '通知了', '办了'와 호응하여 썼다. 그러나 시간의 과거라고 하여 동작을 나타내는 동사 뒤에 반드시 '了'를 써야 한다는 것은 아니다. 예문 ③에서 시간은 과거지만 동작의 완료를 강조하지 않고 과거에 있는 사실만 서술하기 때문에 '了'를 쓰지 않았다.

시간상으로 미래를 나타내지만 미래의 동작이 완료된 다음 다른 동작을 할 때 동사 뒤에 '了'를 쓸 수 있다. 예문 ④에서 '明儿'은 미래의 시간이지만 '下了课' 란 동작의 완료를 썼으며 예문 ⑤에서 동사 뒤에 '了'를 써서 미래 동작의 완료를 나타내었으며 가설의 뜻도 함께 나타내었다.

※ 동작이 완료되었다 하더라도 아래의 네 가지 조건이 구비되어야 '了'를 쓸 수 있다.

첫째, 한 동작이 완료된 다음 무엇을 해야 하겠다는 다른 동작이 있어야 한다.

① 我们下了课 → 我们下了课一块儿去。
② 你做完了功课 → 你做完了功课，我才让你去。

예문 ①과 ②에서 '我们下了课', '你做完了功课'는 완정한 문장으로 되지 못한다.

둘째, 목적어 앞에 확정된 개념을 나타내는 단어거나 수량을 나타내는 수량사가 있어야 한다.

① 我们上了课 → 我们上了三节课。
② 他念了大学 → 他念了两年大学。

셋째, 완료된 동작을 하나의 사실로 삼고 문장 뒤에 어기조사 '了'가 쓰여야 한다.

① 我们吃了饭 → 我们吃了饭了。
② 她两个女儿都进了中学 → 她两个女儿都进了中学了。

넷째, 완료된 동작을 나타내는 동사 앞에 시간부사나 시간명사가 쓰여야 한다.

① 他们完成了任务 → 他们三天就完成了任务。
② 蔡老师看出了问题 → 蔡老师早就看出了问题。

'了'가 동사 뒤에 쓰여 동작의 완료를 나타낸다 하여 어떤 동사 뒤에나 다 쓰이는 것이 아니다.

첫째, 동작이 짧은 시간 내에 끝나지 못하는 심리 활동 동사거나 변화를 나타내지 않는 동사 '希望, 赞成, 反对, 拥护, 爱戴, 热爱, 爱, 主张, 恨, 害怕, 怕, 喜欢, 局限, 奇怪, 姓, 像, 属于, 认为, 需要, 作为' 등에는 동태조사 '了'를 쓰지 못한다.

① 我小时候害怕了磷火。(×)
② 过去我喜欢了音乐，她喜欢了体育。(×)
③ 过去缺电的时候需要了瓦斯灯。(×)

둘째, 동사 자체는 동태조사 '了'를 가질 수 있지만, 이런 동사 앞에 시간부사 '正在, 正, 在, 常常, 经常, 时常' 등이나 능원동사가 쓰이면 동태조사 '了'를 가지지 못한다.

① 我们正在搞了资本主义市场经济。(×)
② 我们经常看了语文参考书。(×)
③ 我们应该从旧语法书中批判地吸收了对我们有用的东西。(×)

그러나 단음절 동사 '忘, 丢, 关, 喝, 吃, 咽, 吞, 泼, 洒, 扔, 放, 涂, 抹, 擦, 碰, 摔, 磕, 撞, 踩, 伤, 杀, 宰, 切, 冲, 卖, 还, 毁' 등 뒤에 동태조사 '了'가 쓰여 동작의 완료를 나타낼 때에는 이런 동사 앞에 능원동사를 쓸 수 있다.

④ 你应该忘了这件事。→ 你应该忘这件事。
⑤ 你不爱听, 可以关了收音机。→ 你不爱听, 可以关收音机。

(2) 어기조사 '了'

어기조사 '了'는 문장 끝에 쓰여 사태가 변화되었거나 변화되리라는 뜻을 나타낸다.

① (已经) 下了雨。(비가 왔다.)
② (正在) 下雨。(비가 온다.)
③ (开始) 下雨了。(비가 오기 시작하였다.)
④ 他是工人。(그는 노동자다.)
⑤ 他是工人了。(그는 노동자가 되었다.)

어기조사 '了'가 장래 일어날 사태의 변화를 나타내려 할 때 동사 앞에 흔히 '快'나 '要', '该'를 쓴다.

⑥ 要下雨了。(비가 오겠다.)
⑦ 快吃饭了。(곧 식사를 하게 된다.)
⑧ 该下班了。(퇴근할 때가 되었다.)

⑨ 会议就要结束了。(회의가 곧 끝나게 된다.)

⑩ 春天快要到了。(봄이 곧 오게 된다.)

동사 뒤에 동태조사 '了'가 쓰이고, 문장 끝에 어기조사 '了'가 쓰이면 동작이 이미 완료되었음을 나타낼 뿐만 아니라 사태의 변화가 출현되었음을 나타낸다.

⑪ 已经下了雨了。

⑫ 我已经看了电影了。

⑬ 他的孩子都上了幼儿园了。

⑭ 他在上海住了两年。

⑮ 他在上海住了两年了。

⑯ 他睡了一个钟头。

⑰ 他睡了一个钟头了。

⑱ 课文我读了三遍。

⑲ 课文我读了三遍了。

동태조사 '了'를 가지고 있는 동사 뒤에 기간을 나타내는 시간명사나 수량사가 쓰였으면 동작의 완료를 나타내지만 시간명사나 수량사 뒤에 어기조사 '了'까지 쓰였으면 동작의 시작부터 말하는 순간까지 경과한 시간이나 수량을 나타낼 뿐 동작의 완료는 나타내지 않는다. 예문 ⑭에서 대부분 경우 '他'가 지금 '上海'에 있지 않음을 나타내나 예문 ⑮에서는 '他'가 지금도 '上海'에 머물고 있음을 나타낸다. 예문 ⑯에서 한 시간 잔 다음 지금은 잠에서 깨어났음을 나타낸다. 예문 ⑰에서 자고서 한 시간 되는데 지금도 잠자고 있음을 나타낸다. 예문 ⑱에서 세 번 읽었는데 지금 더 읽지 않음을 나타낸다. 예문 ⑲에서 지금까지 읽은 것이 세 번인데 네 번, 다섯 번 더 읽을 수 있음을 암시한다.

동사 자체가 동작의 완료를 나타낼 때 동태조사 '了'는 생략할 수 있다.

① 大会结束（了）三天了。
② 部队出发（了）两天了。

문장이 동사로 끝났을 때 그 뒤에 쓰인 '了'는 일반적으로 어기조사로 취급하지만 문맥에 따라 동태조사와 어기조사가 합친 것으로 취급한다. 그리고 어떤 때에는 동태조사로도 취급한다.

사태가 변화된 것만 나타내고 동작의 완료를 나타내지 않을 때 '了'는 어기조사이다.

③ 你们不要吵了，我们学习了。(…공부한다.)
④ 我们休息了。(…휴식한다.)
⑤ 你们走吧，孩子睡了。(…아이가 잔다.)

사태가 변화되리라는 것을 나타낼 때 동사 앞에 '快'나 '要, 该, 可以' 등을 쓴다.

⑥ 国庆节快到了。
⑦ 可以休息了。
⑧ 该劳动了。

동작이 완료되었고 사태가 이미 변화되었을 때 동사로 끝난 문장에서 '了'는 동태조사와 어기조사가 합친 것으로 취급한다. 이때 동사 앞에 '快'나 '要, 该, 可以' 등을 쓰지 못하며 '已经'은 쓸 수 있다.

⑨ 我已经说了，别再提了。
⑩ 他已经走了。

019 | 부정부사 '没有'와 조사 '了'의 관계

동태조사 '了'를 가진 동사를 부사 '没有'로 부정할 때 동태조사 '了'를 삭제한다.

① 我上午买了书。 → 我上午没有买书。 → 我上午没有买了书。(×)
② 我已经通知了小王。 → 我没有通知小王。 → 我没有通知了小王。(×)
③ 他昨天看了电影。 → 他昨天没有看电影。 → 他昨天没有看了电影。(×)

그러므로 부사 '没有'가 들어 있는 부정문을 긍정문으로 고칠 때 '没有'를 없애고 동사 뒤에 '了'를 보충하여야 한다.

④ 他去了，我没有去。 → 他没有去，我去了。 → 他没有去了，我去。(×)
⑤ 他们没有采取紧急措施。 → 他们采取了紧急措施。
⑥ 我没有问老张。 → 我已经问了老张。

동태조사 '了'가 쓰인 동사 뒤에 수량사가 쓰였을 때 전반부 문장을 부정하려면 '一…也(都)…没有'의 형식을 쓰고 수량만 부정하려면 수량사 앞에

'没有'를 쓴다.

⑦ 我买了三本书。→ 我一本书也没有买。→ 我没有买三本(只买了一本)。

⑧ 我去了半年。→ 我去了没有半年。

⑨ 这本书他看了三遍。→ 这本书他一遍都没有看。→ 这本书他没有看三遍(只看了两遍)。

동태조사 '了'가 동사 뒤에 쓰이고 어기조사 '了'가 문장 끝에 쓰인 문장을 부정하려면 동사 앞에 '没有'를 쓰고 동태조사 '了'를 없애며 어기조사 '了'를 '呢'로 바꾼다.

⑩ 我看了小说了。→ 我还没有看小说呢。

⑪ 我已经写了信了。→ 我还没有写信呢。

⑫ 小说他读了三遍了。→ 小说他没有读三遍呢。

문장 끝에 어기조사 '了'만 쓰인 문장에서 이미 나타난 상황을 부정하려면 '没有…(呢)'의 형식을 쓰고 미래에 나타날 상황을 부정하려면 '不…(呢)'의 형식을 쓴다.

⑬ 他 (已经) 走了。→ 他 (还) 没有走 (呢)。

⑭ 我 (要) 走了。→ 我不走 (呢)。

⑮ (已经) 休息了。→ (还) 没有休息 (呢)。

⑯ (快) 休息了。→ 不休息 (呢)。

⑰ 他去上海了。→ 他还没去上海 (呢)。

⑱ 下雨了。→ 还没下雨 (呢)。

⑲ 下雨了。→ 不下雨 (呢)。

예문 ⑱에서 '下雨了'는 비가 온 것을 말하고 예문 ⑲에서 '下雨了'는 비가 오게 된다는 말이다.

어떤 경우에는 동사 앞에 부정부사 '不'를 쓰고 동사 뒤에 동태조사 '了'를 쓴 것도 있는데, 이것은 동태조사 '了'가 없는 것과 뜻이 같지 않다.

① 他不来。
② 他不来了。
③ 他不吃。
④ 我不吃了。

예문 ①에서 '不来'는 '오지 않는다'는 뜻이고, 예문 ②에서 '不来了'는 오려 했는데 오지 않는다는 뜻이다. 예문 ③는 '먹지 않겠다'는 뜻이고, 예문 ④는 원래 먹었는데 지금은 '먹지 않겠다'는 뜻이다.

언어환경에 의하여 앞 문절에 주어가 있음으로 하여 뒤 문절의 주어가 생략되거나, 앞 문절의 목적어나 앞 문절의 주어의 규정어가 있음으로 하여 뒤 문절의 주어가 생략될 수 있다.

① 小王//不但品行端正, 而且(小王)//业务能力很强。
② 咱们老家//来了革命军, (革命军)//帮助穷人闹翻身。
③ 汗水, 浸透了他薄薄白上衣, (白上衣)//粘连在双肩上。

위에 든 예문 ①에서 술어부분 '业务能力很强'은 앞 문절의 주어 '小王'과 대응하며, 예문 ②에서 '帮助穷人闹翻身'은 앞 문절의 목적어 '革命军'과 대응하며, 예문 ③에서 '粘连在双肩上'은 앞 문절의 목적어 '白上衣'와 대응한다.

만약, 주어가 생략된 문장에서 술어부분이 앞 문절의 여러 개 성분과 대응하거나 대응하는 성분이 없다면 주어의 누락으로 된다.

④ 大约在西汉时候, 我们的祖先已经开始使用仪器进行了气象观测了, 但那个时候比较简单。(×)

예문 ④에서 뒤 문절의 술어부분 '比较简单'과 앞 문절의 여러개 성분 '仪

器', '气象观测', '使用仪器进行了气象观测'와 조응하여 뜻이 명확하지 못하
다. '但那个时候' 뒤에 '仪器'를 쓰면 그 의미가 명확해진다.

⑤ 吉林歌舞团在北京演出受到了热烈欢迎，对这次精采的演出给予
很高的评价。(×)

예문 ⑤에서 뒤 문절의 술어부분과 맞물리는 성분이 없기 때문에 뜻이 명
확하지 못하다. 이치적으로 '吉林歌舞团对自己的演出给予很高的评价'라 할
수 없기 때문에 '对这次精采的演出' 앞에 '观众'을 써야 한다.

어떤 문장은 구조상으로 볼 때 주어가 앞 문절에 나타나지 않았지만 문장
에서 나타난 논리 관계와 도리상으로부터 주어가 생략되었음을 똑똑히 알
수 있다.

① 虚词中除副词以外都不能单独做句子成分。

위 예문에서 '虚词中'에서 '副词' 외 또 무슨 품사가 있는가 하는 것은 분
명하다. 문장구조도 중국어 습관에 부합되기 때문에 주어의 누락이 아니다.

② 从这件平凡的小事情中，却说明了大问题。(×)

예문 ②에서 '说明了大问题'의 대상이 '这件平凡的小事情'이기 때문에
'从'과 '中'은 아무런 의미가 없는 불필요한 주어 '这件平凡的小事情'을 가리
키고 있다. 따라서 '从'과 '中'을 없애야 한다.

③ 在新中国，一天比一天欣欣向荣，蒸蒸日上。(×)
④ 从大量观测事实中告诉我们，要掌握天气的连续变化，最好每小
时都进行检测。(×)

예문 ③에서 '在'를 쓰지 않아야 '新中国'가 주어로 된다. '在'가 있음으로
하여 주어 '新中国'를 가리웠다. 예문 ④에서 주어는 '大量观测事实'이므로
'从'과 '中'을 쓰지 않아야 한다.

다른 한가지는 사역동사 '使'를 남용한 결과 주어가 누락되는 폐단이 생긴다.

⑤ 从教学实践中使我们认识到不学好汉语教学法是教不好汉语的。
   (×)

⑥ 通过这次大会，使我受到深该的教育。(×)

위 예문에서 '使'를 쓰지 않아야 '我们'과 '我'가 각각 주어로 될 수 있다. 그러나 '通过…使'가 있는 형식의 문장이 모두 오류가 있는 것은 아니다.

⑦ 通过本文的教学，使同学们初步了解鲁迅先生的战斗精神。

예문 ⑦에서 '通过'앞에 주어 '教师'를 첨부할 수 있지만 예문 ⑥에서는 '通过'앞에 어떤 주어도 쓸 수 없다.

021 | 술어의 누락

한 문장에서 주어가 있는데 그와 대응하는 술어가 없이 다른 문장을 시작하는대로부터 술어가 누락되는 폐단이 생기게 된다.

① 他对工作认真负责的态度, 同事们很尊敬他。(×)
② 教学是双边活动, 即老师和同学们。(×)

예문 ①에서 주어 '态度'는 있으나 거기에 대응하는 술어가 없는 것은 부당하다. 따라서 '的态度'를 버리고 '他'가 주어로 되게 하여야 한다. 예문 ②에서 주어 '教师和同学们'과 대응하는 술어가 없다. 그러므로 '老师教和同学们学'로 고쳐야 한다. 그리고 일반적인 상황에서 명사나 명사구가 술어로 되려면 그 앞에 '是'가 쓰여야 한다. 그러나 초학자들이 '是'를 누락하는 현상이 적지 않다. 특히 구어에서 그러하다.

③ 这种片面的观点, 形而上学的观点。(×)
④ 这对我国来说很有利的国际条件。(×)

예문 ③에서 '形而上学的观点'앞에 '是'가 쓰여야 하고 예문 ④에서 '有利的国际条件' 앞에 '是'가 쓰여야 올바른 문장으로 된다.

022 | 대응하지 않는 주어와 술어

문장은 구조상으로 보면 주어와 술어가 모두 갖추어져 있지만 논리적으로나 의미적으로 연관되지 않는다면 그 문장은 흠집이 있는 문장으로 된다. 그러므로 주어와 술어가 이치적으로 맞게 함께 쓰였는가를 보아야 한다. 예를 들면, '态度'는 '端正, 严肃, 诚恳' 등과 함께 '态度端正', '态度严肃', '态度诚恳'으로 쓰지만 '详细', '刻苦'와는 쓰지 않는다. 그러므로 어떤 단어와 단어가 결합되어 주어와 술어로 되는가 하는 것은 일정한 언어 습관의 제약을 받는다.

① 人民的生活水平正在不断地改善。(×)
② 写到这里, 我激动的心情再也写不下去了。(×)
③ 我们要解决的矛盾和要实现的任务, 已经胜利地完成了。(×)
④ 天天写日记, 写作能力就会一天天提高和扩大。(×)
⑤ 产品的数量大大提高。(×)

예문 ①에서 '生活'는 '改善'과 함께 쓰이지만 '水平'은 '改善'과 함께 쓰이지 않는다. 따라서 '……生活水平不断地提高'로 고쳐야 한다. 예문 ②에서 '我激动的心情'과 '写不下去'는 호응되지 않는다. 따라서 '我心情激动, 再也写不下去'로 고쳐야 한다. 예문 ③에서 '任务'는 '完成'과 함께 쓰지만 '矛盾'

과 '完成'은 같이 쓰이지 않는다. 따라서 '要解决的矛盾'을 쓰지 않아야 한다. 예문 ④에서 '写作能力'는 '提高'와 함께 쓰지만 '扩大'와 같이 쓰지 않는다. 따라서 '和扩大'를 쓰지 않아야 한다. 예문 ⑤에서 '数量'은 '增加'나 '减少'와 함께 쓰지만 '提高'와 함께 쓰지 않는다. 그러므로 '产品的数量大大增加'나 '产品的质量大大提高'로 고쳐야 한다.

023 | 목적어의 생략과 누락

일정한 언어환경에서 확정된 목적어는 생략될 수 있다. 대화에서 확정된 목적어를 생략하면 더 무난할 때가 많다. 그렇지 않고 같은 목적어를 각각의 술어 뒤에 다 쓴다면 오히려 어색하게 된다.

① 문 : 你看过电影《少林足球》吗？
　　답 : 我看过(　　), 他还没有看(　　)。
② 문 : 你知道她现在在哪儿？
　　답 : 我不知道(　　)。

앞 문절에 목적어가 있음으로 하여 뒤 문절의 목적어가 생략될 수 있다.

③ 昨天上午, 班级同学都交了作业, 但我还没有交(　　)。

뒤 문절에 목적어가 쓰일 것으로 하여 앞 문절에서 생략될 수 있다.

④ 你干吗, 老叫我买(　　), 我从来不喜欢小说。

그러나 일정한 언어 환경도 없이 마땅히 있어야 할 목적어가 누락되면 문장의 표현에 영향을 줄 수 있다.

⑤ 我们要学习白求恩同志毫不利己, 全心全意为人民服务。(×)

⑥ 我们要响应, 人人动手除四害。(×)

예문 ⑤에서 술어 '学习'의 대상이 누락되었으므로 완전한 문장이 되지 못한다. 따라서 '为人民服务'뒤에 '的精神'을 써야 한다. 예문 ⑥에서 술어 '响应' 뒤에 그것과 어울리는 대상이 없다. 따라서 '响应' 뒤에 '号召'를 써서 '我们要响应号召'라고 하여야 한다.

024 | 대응하지 않는 술어와 목적어

어떤 문장은 구조상에서 목적어가 누락되지 않았지만 술어와 목적어가 타당하게 대응하지 못하였거나 용법에 어긋나기 때문에 문법적으로 보면 틀린 문장으로 된다.

① 在同学们的帮助下，我很快克服了缺点。(×)

'克服'는 '困难'과 대응해 쓰고 '改正'이 '缺点'과 대응하여 쓴다. 그러므로 '克服'를 '改正'으로 고쳐야 한다.

② 发起高潮(×) → 掀起高潮
③ 增长水平(×) → 提高水平
④ 树立目的(×) → 确定目的 → 树立人生观
⑤ 达到北京(×) → 到达北京 → 达到目的
⑥ 担任责任(×) → 负起责任 → 担任班长
⑦ 克服自己(×) → 克制自己 → 克服困难
⑧ 发挥优点(×) → 发扬优点 → 发挥特长
⑨ 改进错误(×) → 纠正错误 → 改进方法
⑩ 爱护时间(×) → 珍惜时间 → 爱护公共财产

위에 든 예문은 술어와 목적어가 서로 대응하지 않는 전형적인 예들이다.

  ⑪ 报纸上登载了许多学习先进经验的好精神。(×)

  ⑫ 马来西亚工人重新拿起武装，在农村和丛林进行游击战。(×)

  ⑬ 同学们唱着嘹亮的歌声，歌声在空中回荡。(×)

예문 ⑪에서 술어와 목적어 ‘登载了……精神’은 의미적으로 맞게 호응하지 못하였다. 마땅히 ‘登载了……事迹’로 하여야 한다. 예문 ⑫에서 ‘拿起武装’은 술어와 목적어가 서로 대응하지 않는다. 우리말에서 ‘무기를 들고’라고 하지만 중국어에서는 ‘拿起武器’라고 한다. 예문 ⑬에서 ‘唱着……歌’라고 하지, ‘唱着……歌声’이라 하지 않는다.

그리고 술어 한 개가 목적어 두 개를 가졌을 때 그 술어와 목적어 두 개가 모두 맞게 대응해야 한다.

  ⑭ 我们进一步端正学习态度和学习方法。(×)

  ⑮ 这次公司内部改革，将会遇到新情况，新问题，新经验。(×)

  ⑯ 炮兵击落了敌人的许多飞机和坦克。(×)

예문 ⑭에서 술어 ‘端正’의 목적어는 ‘态度’와 ‘方法’인데 ‘端正’과 ‘态度’는 호응되나, ‘端正’과 ‘方法’는 서로 호응하지 않는다. 따라서 ‘和学习方法’를 쓰지 않거나, ‘和学习方法’를 ‘掌握学习方法’로 고쳐야 한다. 예문 ⑮에서 ‘将遇到新情况, 新问题’는 되지만 ‘遇到新经验’은 말이 되지 않는다. 그러므로 ‘新经验’을 쓰지 않아야 한다. 예문 ⑯에서 ‘击落’와 ‘飞机’는 서로 조응되나, ‘击落’와 ‘坦克’는 조응되지 않는다. 따라서 ‘击落’를 ‘击毁’로 고쳐야 한다.

술어 두 개가 목적어 한 개를 가졌을 때 그 두 술어가 모두 목적어와 대응해야 한다.

  ⑰ 采取各种办法培养和提高实质水平，实在是一件迫在眉睫的事。(×)

⑱ 我们要正确地掌握和开展批评与自我批评的武器。(×)

예문 ⑰에서 술어는 병렬구 '培养和提高'이고 목적어는 '师资水平'인데 '提高师资水平'은 되지만 '培养师资水平'은 맞지 않는다. 따라서 '培养和'를 쓰지 않아야 한다. 예문 ⑱에서 '掌握武器'는 되지만 '开展武器'는 맞지 않는다. 따라서 '和开展'을 쓰지 않아야 한다.

중국어에서 동사 두 개로 된 병렬 술어가 병렬 목적어를 가졌을 경우에 처음 동사가 처음 목적어와 대응해야 하고 두 번째 동사가 두 번째 목적어와 대응해야 한다. 그리고 어떤 것은 동사 두 개가 각각 병렬 목적어와 다 대응한다.

⑲ 我们要发现和总结工作中的问题和经验。

⑳ 我们要批判和反对无政府主义和极端个人主义。

예문 ⑲에서 '发现'은 '问题'와 조응하고, '总结'는 '经验'과 조응된다. 그러나 예문 ⑳에서 '批判'은 '无政府主义'나 '极端个人主义'와 다 대응하며 '反对'도 '无政府主义'나 '极端个人主义'와 다 대응한다.

025 | 한정어의 합법적인 생략과 누락

한정어와 주어, 목적어 사이에 "的"가 쓰인 한정어구에서 한정어가 같으면 중복된 한정어는 생략할 수 있다.

① 我们要恢复优良的传统和作风。
② 一个党的创立和发展，从来同革命知识分子地分不开的。

예문 ①에서 '优良的传统和作风'은 '优良的传统和优良的作风'의 생략이다. 예문 ②에서 '一个党的创立和发展'은 '一个党的创立和一个党的发展'의 생략이다.

그러나 한정어와 주어, 목적어 사이에 '的'가 쓰이지 않은 한정어구에서 일반적으로 중복된 한정어는 생략하지 못한다.

③ 我到书店买了一本小说和一本电影剧本。 → 我到书店买了一本小说和电影剧本。(×)
④ 这不是旧风俗和旧习惯。 → 这不是旧风俗和习惯。(×)

확정된 수량을 나타내지 않는 '广大', '许多', '不少' 등이 한정어로 될 때 중복된 한정어를 생략할 수 있다.

⑤ 我们还是很重视有计划地培养广大干部战士。

⑥ 许多鸽子和气球飞向天空。

026 | 한정어의 중복

한정어를 사용하는 목적은 피한정어의 뜻이 명확해지게 하기 위해서이다. 피한정어의 의미가 똑똑히 나타났을 때 부질없이 한정어를 더 쓸 필요가 없다.

① 这是我校从来没有过的第一次规模大的毕业典礼。(×)
② 昔日的奴隶, 今天做了现在新中国的主人。(×)

예문 ①에서 '从来没有过的'와 '第一次'는 그 의미가 중복되기 때문에 둘 가운데 어느 하나를 쓰지 말아야 한다. 예문 ②에서 '今天'과 한정어 '现在'가 중복되었다. 따라서 '现在'를 쓰지 말아야 한다.

027 | 대응하지 않는 한정어와 피한정어

한정어와 피한정어간에 의미상에서 반드시 타당하게 대응해야 한다.

① 他穿着艰苦朴素的衣服。(×)
② 那精彩节目, 受到大家十分热烈的欢迎和重视。(×)
③ 石油工人对国家做出了辛勤而巨大的贡献。(×)

예문 ①에서 '朴素的衣服'라고는 하지만 '艰苦的衣服'라고 하지 않는다. 따라서 '艰苦'를 없애고 '他穿着朴素的衣服'라고 써야 한다. 예문 ②에서 '十分'을 '重视'앞에 써서 '热烈欢迎和十分重视'로 고쳐야 한다. 예문 ③에서 '巨大贡献'은 될 수 있지만 '辛勤贡献'이라고는 하지 않는다. 따라서 '辛勤而'을 없애야 한다.

④ 我们都有为实现四个现代化的决心。(×)
⑤ 国家无非是一个阶级为镇压另一个阶级的机器。(×)

'为'로 이루어진 전치사구는 직접 규정어로 되는 경우가 그리 많지 못하다. 반드시 그와 호응하는 동사와 결합되어 동사구를 이룬 다음에야 한정어로 될 수 있다. 예문 ④에서 '为实现四化' 뒤에 동사 '奋斗'를 써서 '为实现四化而奋斗'로 되어야 '决心'의 한정어로 된다. 예문 ⑤에서 '为镇压另一个

阶级'뒤에 동사 '设'를 써야 '机器'의 한정어로 된다. 그렇지 않으면 '为'를 없애고 '国家无非是一个阶级镇压另一个阶级的机器'라고 해야 한다.

028 | 상황어의 위치

상황어는 술어에 대하여 수식, 한정하기 때문에 일반적으로 주어 뒤에 쓰인다. 그러나 일부 부사, 시간명사, 방위사, 전치사구로 된 상황어는 주어 앞에 쓰이는 경우가 있다.

① 的确, 那时候我是有过这样的想法。
② 难道他能做出这种事？
③ 刚才他打电话叫了一辆车。
④ 津浦路上, 我遇见了一位多年不见的朋友。
⑤ 当他走进会场的时候, 大会已经开始了。

어떤 상황어나 모두 주어 앞에 쓰일 수 있는 것은 아니다. 어떤 상황어는 주어 앞에만 쓰이고 어떤 상황어는 주어 앞뒤에 두루 쓰일 수 있지만 어떤 상황어는 주어 뒤에만 쓰인다.

1) 주어 앞에 쓰이는 상황어
'当', '关于', '至于' 등으로 이루어진 전치사구는 주어 앞에 만 쓰인다.

① 当他走的那天上午, 我看见他的。

② 关于中草药，我知道得很少。

③ 他在危急关头想到的是大家的利益，至于个人的安全他从来没有
放在心上。

2) 주어 뒤에 쓰이는 상황어

부사로 된 대부분의 상황어와 형용사로 된 상황어는 주어 뒤에 쓰인다.
그리고 전치사 '把, 被, 比, 离, 给' 등으로 이루어진 전치사구도 주어 뒤에
쓰인다.

① 他把这道题算了两遍。→ 把这道题他算了两遍。(×)

② 他被大家批评了一顿。→ 被大家他批评了一顿。(×)

③ 我的个儿比他大。→ 比他我的个儿大。(×)

④ 我家离县城不过三里多路。→ 离县城我家不过三里多路。(×)

⑤ 医生给大家检查身体。→ 给大家医生检查身体。(×)

능동 주어가 일으키는 동작의 장소를 나타내는 상황어는 일반적으로 주어
뒤에 쓰인다.

⑥ 我在学校学习。→ 在学校我学习。(×)

⑦ 我从韩国来。→ 从韩国我来。(×)

⑧ 他们正在电教室看电视，咱们也去看吧。 → 正在电教室他们看
电视，咱们也去看吧。(×)

3) 주어 앞뒤에 두루 쓰이는 상황어

상황어가 주어 앞에 쓰이는 것과 주어 뒤에 쓰이는 것이 그 뜻이 같지
않다.

① 你应该去。→ 应该你去。

② 他也许回来了。→ 也许他回来了。

③ 我们两个人就知道这件事。 → 就我们两个人知道这件事。

예문 ①에서 '应该'가 주어 뒤에 쓰이면 '去'를 수식하고 주어 앞에 쓰이면 '你去'를 수식한다. 예문 ②에서 '也许'가 주어 뒤에 쓰이면 '回来'의 가능성을 나타내지만 주어 앞에 쓰이면 '他回来'의 가능성을 나타낸다. 예문 ③에서 '就'가 주어 뒤에 쓰이면 '이 일만 안다.'는 뜻이고 주어 앞에 쓰이면, '우리 둘만 이 일을 안다.'는 뜻이다.

상황어를 주어 앞이나 뒤에 써도 뜻이 같을 때 시간을 강조하려면 주어 앞에 쓴다.

④ 今天我们休息。 → 我们今天休息。
⑤ 去年我们去了一趟镜泊湖。 → 我们去年去了一趟镜泊湖。

앞의 문장과 잘 연결시키기 위하여 상황어를 주어 앞에 쓴다.

⑥ 当天夜里三点半钟光景, 周大勇带领战士们向东南方去。

상황어가 길고 많으면 주어 앞에 쓴다.

⑦ 在枪林弹雨中, 在生与死的严峻考验中, 俩人结下了深厚的情谊。

예문 ⑦에 주어 앞에 상황어가 두 개 있는데 모두 '俩人结下了深厚的情谊'를 수식한다. 만일 두 상황어를 주어 '俩人'과 술어 '结下了深厚的情谊'사이에 쓴다면 주어와 술어의 간격이 너무 커 뜻을 이해하는데 영향을 준다.

어떤 상황어는 몇 개 주술구를 수식하기 때문에 주어 앞에 써야 한다.

⑧ 在上课时, 有些同学不注意听讲, 有些同学还小声说话。

029 | 상황어 누락, 중복, 오용

1) 상황어의 누락

상황어를 잘 골라 쓰면 술어가 나타내려는 동작이나 상태가 더 분명해 진다. 한국어의 "이 물건이 좋다!"를 중국어에서는 "这个东西挺好!"라고 하여야 하지 "这个东西好!"라고 하지 않는다. 여기에서 '挺'은 정도가 높음을 말하는 것이 아니라, '好'란 뜻을 강조한다.

> ① 放假期间, 中文系举办了翻译, 写作, 会话三个培训班, 开设了韩汉翻译, 文秘写作, 中级口语等课程。(×)
>
> ② 中级法院最近对三名罪犯判处了七年、五年和三年徒刑。(×)

예문 ①에서 만일 세 개 '培训班'이 제각기 한 과목만 '开设'한다면 '开设' 앞에 '分别'란 상황어를 써야 하고 세 개 '培训班'이 각기 세 가지 '课程'을 '开设'한다면 '开设'앞에 상황어 '各'를 써야 한다. 예문 ②에서 '判处'앞에 상황어 '分别'를 쓰면 '三个罪犯'에 대한 각각 다른 '徒刑'이 분명하게 나타난다.

2) 상황어의 중복

> ① 他同当地农民一起多次反复地进行小麦高产试验。(×)

② 我们一定要把所担负的全部一切搞好。(×)

예문 ①에서 상황어 '多次'와 '反复'는 그 뜻이 비슷하기 때문에 문장에서
표현하려는 내용에 따라 '多次'나 '反复' 가운데서 하나는 쓰지 않아야 한다.
예문 ②에서 상황어 '全部'와 '一切'가 그 뜻이 비슷하기 때문에 그 중에서
하나는 쓰지 않아야 한다.

3) 상황어를 한정어로, 한정어를 상황어로 잘못 쓰는 현상.

형용사로 된 일부 상황어는 술어도 수식하고 목적어도 수식한다. 이런 상
황어는 목적어 앞에 쓰여 한정어로 될 수 있다.

① 光荣地完成了任务。→ 完成了光荣的任务。
② 我圆圆地画了一个圈。→ 他画了一个圆圆的圈。
③ 他流利地说出一口普通话。→ 他说出一口流利的普通话。
④ 在实际工作中, 发挥了他们的充分的力量。(×)
⑤ 为了办好板报, 我们听取了同学们的广泛的意见。(×)

예문 ④에서 '充分'은 '发挥'를 수식하지 목적어를 수식하지 못한다. 따라
서 '充分'을 '发挥' 앞에 써서 상황어로 되게 해야 한다. 예문 ⑤에서 '广泛'
은 동작 '听取'를 수식하지 명사는 수식하지 못한다. 따라서 '广泛'을 '听取'
앞에 써서 상황어로 되게 해야 한다.

030 | 보어에 대한 그릇된 인식

　한국어 문법에는 중국어 보어에 대응되는 성분이 따로 없기 때문에 흔히 중국어 보어를 단순히 문장에서의 위치가 다른 한국어의 상황어로 간주하는 현상이 있다. 때문에 보어를 써야 할 경우에 상황어로 보어의 내용을 나타내곤 한다. 물론 어떤 내용은 상황어로 나타낼 수 있지만 그 뜻이 비슷할 뿐 똑같지는 않다. 간단한 실례로 "这个东西很好!", "这个东西好得很!"에서 부사 '很'은 상황어로도 되고 보어로도 되지만 뜻이 같지 않다. 상황어로 된 문장에서 '很'은 정도를 나타내지 않고 음절을 조절하기만 한다. 그러나 보어로 된 문장에서 '很'은 정도가 아주 높음을 나타낸다. 또 어떤 보어는 상황어로 표현하면 어색할 뿐만 아니라 중국어의 문장구조에 맞지 않는 경우가 흔히 있게 된다. 예를 들면, '피로 붉게 물들었다.'에서 '붉게'는 '물든' 상태를 나타낸다. 따라서 '用鲜血染红了。'라고 해야지 '用鲜血红地染了。'라고 해서는 말이 안된다. 또 어떤 보어를 상황어로 표현하면 중국어의 문장구조에는 맞지만 뜻이 다를 뿐만 아니라 이치에도 맞지 않는다. 예를 들면, "편지를 우편함에 넣어라!"를 "信投在信箱里!"로 써야 할 것을 "信在信箱里投!"로 쓴 결과 사람이 우편함 안에 들어가 편지를 넣는 뜻으로 잘못 표현된다. 그러므로 중국어의 보어가 문장에서 갖는 역할과 그의 용법을 잘 알아야 한다.

031 | 보어의 누락

중국어에서 동작이나 변화에 의해 생긴 어떤 결과와 상태를 나타낼 때 반드시 보어를 써야 그 뜻이 분명해진다. 예를 들면, "원인을 찾았다!"를 중국어로 "找到了原因!"이라고 해야지 "找原因啦!"라고 하지 않는다.

① 她们俩交谈的声音虽小，但我都听了。(×)

② 你说的那本书我到图书馆找了。(×)

③ 我们学过的数学定理一定要记啊。(×)

④ 通过这次参观，我们学了不少知识。(×)

⑤ 今天的作业终于写了。(×)

예문 ①에서 술어 '听' 뒤에 결과 보어 '见'을 써야 한다. '听见'과 '听'은 뜻은 비슷하지만 용법이 다르다. '听见'은 소리가 청각에 미치는 것을 나타내나 '听'은 소리에 내용까지 포함한다. 그러므로 '방송을 듣다.'를 '听广播'라고 하며 '听见广播'라고 하지 않는다. 예문 ②에서 술어 '找'뒤에 보어 '到'나 '着(zháo)'를 써야 한다. 왜냐하면 여기에서 표현하려는 것은 '找书'란 동작인 것이 아니라 동작 '找'의 결과가 있어야 하기 때문이다. 예문 ③에서 술어 '记' 뒤에 보어 '住'를 써서 '记'의 결과를 나타내야 한다. 예문 ④에서 술어 '学'뒤에 보어 '到'를 써서 '学'의 결과를 나타내야 한다.

예문 ⑤에서 술어 '写' 뒤에 보어 '完'을 써서 결과를 나타내야 한다.

032 | 순서가 잘못된 목적어와 보어

중국어에서 목적어와 보어는 모두 술어 뒤에 쓰이는데 그 배열 순서는 보어의 종류에 따라 목적어가 보어의 앞에 쓰일 수도 있고 뒤에 쓰일 수도 있으며, 목적어의 종류에 따라 목적어가 보어 뒤에 쓰이는 것도 있다.

① 我走进去教室，老师都讲课了。(×)
② 明天上物理课，你们都带来物理教科书。(×)
③ 他每天在家里背了英语单词一个钟头。(×)

예문 ①에서 목적어 '教室'는 장소명사이고 보어는 복합 추향동사 '进去'이기 때문에 '教室'는 '进去' 사이에 쓰여 '走进教室去'로 하거나 '去'를 쓰지 말아야 된다. 예문 ②는 명령문이기 때문에 목적어 '物理教科书'는 보충어 '来'의 앞에 써야 한다. 예문 ③에서 목적어는 보통명사이고 보어 '一个钟头'는 시간을 나타내기 때문에 술어를 반복하여 '他每天在家里背英语单词背一个钟头'로 쓰든지 그러지 않으면 목적어를 시간보어 뒤에 놓아 '背一个钟头英语单词'로 고쳐야 한다.

033 │ 대응하지 않는 술어와 보어

술어와 보어는 문법적 구조에서는 별로 모순이 생기지 않지만 의미상에서나 이치적으로 서로 대응하지 않는 점에 주의를 돌려야 한다.

① 小弟弟高兴得两眼直瞪。(×)
② 这个故事很生动, 作家把它写起来多好。(×)
③ 我们的生活一天天好下去。(×)
④ 今天留的作业太多, 一个晚上写不上来。(×)
⑤ 孩子问这问那, 我一时答不出来。(×)

예문 ①에서 보어 '两眼直瞪'은 술어 '高兴'과 대응하지 않으므로 '高兴'을 '气'로 고쳐 '小弟弟气得两眼直瞪'으로 하든지 '两眼直瞪'을 '合不拢嘴'로 고쳐 '小弟弟高兴得合不拢嘴'로 하여야 한다. 예문 ②에서 '写起来'는 쓰기 시작한다는 뜻이므로 주어와 대응하지 않는다. 따라서 '写下来'로 고쳐야 써 둔다는 뜻을 나타낸다. 예문 ③에서 '好下去'는 좋아지고 있다는 뜻이기는 하나 생활을 묘사할 때 좋은 의미에서 '起来'를 쓰고 나쁜 의미에서는 '下去'를 쓰기 때문에 '好起来'로 고쳐야 한다. 예문 ④에서 '写不上来'는 주관능력이 없어 쓰지 못함을 나타내기 때문에 문장의 주어와 대응하지 않는다. 그러므로 '写不出来'로 고쳐 객관조건이 허락하지 않음을 나타내야 앞의 내용에 맞다. 예문 ⑤에서 '答不出来'를 '答不过来'로 고쳐, 문제가 많아서 일일이 응답할 수 없음을 나타내야 앞 조건과 맞다.

034 | 상황어와 보어의 사용 오류

상황어와 보어가 구조상에서나 의미상에서 비슷하기 때문에 중국어 초학자들은 흔히 보어를 단순하게 위치가 다른 상황어로 간주한다. 따라서 보어로 써야 할 것을 상황어로 쓰기 때문에 표현하려는 내용이 어색해질 뿐만 아니라 문장이 오류 현상이 존재한다. 예를 들면, "잘 먹었습니다."는 마땅히 "吃好啦"라고 써야 하겠는데 "好吃啦"로 잘못 말하는 폐단이 있다. 또한 상황어로 써야 할 것을 보어로 쓰는 현상도 있다. 예를 들면, "병을 병원에서 봅니다."는 "在医院看病"이라고 해야 하지 "看病在医院"이라고 해서는 안된다.

중국어의 일부 보어는 상황어로 표현할 수 있지만 많은 경우에 상황어로 표현하지 못한다.

첫째, 시점을 나타내는 시간명사는 상황어로 될 수 있지만 보어로는 되지 못한다.

① 他明天去。 → 他去明天。(×)
② 会议六点开。 → 会议开六点。(×)

기간을 나타내는 시간명사가 상황어로 될 때에는 동작이 완료되는데 소요되는 시간을 나타내며 보어로 될 때에는 동작이 지속되는 시간을 나타낸다.

③ 一天做完 → 做完一天 (×) → 做了一天

④ 三个钟头写完了 → 写完了三个钟头 (×) → 写了三个钟头

둘째, 사물양사로 이루어진 수량사는 중첩되면 상황어로 되지만 보어로 되지 못한다.

① 羊一群一群地回来 → 羊回来一群一群(×)

② 一条一条地写 → 写一条一条(×)

셋째, 전치사구는 문장에서 주로 상황어로 된다. 일부 전치사구 '在……', '给……'는 상황어로도 되며 보어로도 된다.

'在……'가 타동사로 된 술어 앞에 놓여 상황어로 될 때는 동작이 진행되는 장소를 나타내고 타동사로 된 술어 뒤에 놓여 보어로 될 때는 동작이 미치는 장소를 나타낸다.

① 他在屋里看书。 → 他把书看屋里。(×)

② 小明在医院看病。 → 小明把病看在医院。(×)

③ 小明在食堂吃饭。 → 小明吃饭吃在食堂。(×)

예문 ①, ②, ③에서 상황어는 모두 동작이 진행되는 장소이기 때문에 보어로 쓰이지 못한다.

④ 信投在信箱里。 → 在信箱里投信。(×)

⑤ 小明把球打在玻璃窗上。 → 小明在玻璃窗上打球。(×)

⑥ 小明把废纸扔在垃圾箱里。 → 小明在垃圾箱里扔废纸。(×)

예문 ④, ⑤, ⑥에서 보어는 모두 동작이 미치는 장소이기 때문에 상황어로 쓰이지 못한다.

그러나 중국어에서 동작이 미치는 장소를 나타내는 일부 상황어는 보어로 될 수 있다.

⑦ 他在黑板上写字。 → 他把字写在黑板上。

⑧ 小华在墙上贴年画。→ 小华把年画贴在墙上。

⑨ 她在笔记本上写作业。→ 她把作业写在笔记本上。

자동사가 술어로 될 때 일반적으로 '在……'는 상황어로도 되고 보어로도 되는데 그 뜻은 비슷하다.

⑩ 汽车在大道上奔驰。→ 汽车奔驰在大道上。

⑪ 在老张家里发生了一件事。→ 事情发生在老张家里。

⑫ 姐姐在长春工作。→ 姐姐工作在长春。(×)

예문 ⑫에서 술어가 '工作'일 때 '在……'는 상황어로 되고 보어로 되지 못하지만 '姐姐工作在长春, 生活在长春' 등과 같이 열거문으로 되었으면 틀리지 않는다.

'给……'는 술어가 '给予'라는 뜻을 가진 동사 '卖, 还, 付, 赏, 嫁, 退, 赠, 赐, 献, 扔, 踢, 移交, 归还, 发放, 交还, 转交, 转告, 告诉, 教' 등일 때 보어로 되며 상황어로 되지 못한다.

① 他赠给我一枝钢笔。→ 他给我赠一枝钢笔。(×)

② 老师教给我拼音字母。→ 老师给我教拼音字母。(×)

③ 我告诉(给)你一个好消息。→ 我给你告诉一个好消息。(×)

'给予'라는 뜻을 가지고 있는 동사 '寄, 汇, 留, 让, 介绍, 推荐'과 기타동사 '写, 换' 등이 술어로 될 때 '给……'는 상황어로도 되고 보어로도 된다.

④ 我给弟弟寄一本小说。→ 我寄给弟弟一本小说。

⑤ 他给我写一封信。→ 他写给我一封信。

⑥ 小王给我介绍一个新的工作。→ 小王介绍给我一个新的工作。

'制作'라는 뜻을 가지고 있는 동사 '做, 炒, 缝, 搞, 织, 刻, 画, 抄'와 '取得'라는 뜻을 가지고 있는 동사 '买, 抢, 骗, 赢, 赚, 挣, 收, 要' 및 기타동사 '讲, 开, 修' 등이 술어로 될 때 '给……'는 상황어로만 된다.

⑦ 妈妈给我做一条裤子。→ 妈妈做给我一条裤子。(×)

⑧ 老爷爷给我讲故事。→ 老爷爷讲给我故事。(×)

⑨ 我给小明买一张电影票。→ 我买给小明一张电影票。(×)

035 | '把'자문

전치사 '把'로 구성된 전목구가 술어부분에서 상황어 역할을 하는 동사술어문을 가리킨다.

他把书借来了。
我把书弄脏了。

把자문의 기본 형식은 '갑이 을을 어떻게 하다'이다. 의미상으로 말하자면, 把자문은 사람이나 사물에 대한 처리를 표시하는데, 전치사인 '把' 뒤의 목적어가 바로 처리 대상이다. 동사 뒤에 오는 보어는 처리의 결과 또는 영향의 정도를 나타낸다. 앞 예문 에서 '借来了'는 '书'에 대한 처리이고 '弄脏了' 역시 '书'에 대한 처리이다. '借', '弄' 뒤의 보어는 처리의 결과이다. 여기서 '처리'는 단지 사람이나 사물에 대한 처리가 아니다. 갑의 행동이 을로 하여금 어떤 변화를 발생하게 하거나 어떤 상태에 놓이게 하는 것을 모두 일종의 처리, 영향으로 볼 수 있다. 把자문의 뜻은 두 가지가 있다.

1) 처리, 안배를 나타낸다.

我〔把房子〕打扫得〈干干净净〉。
你〔把题目〕〔再〕检查〈一遍〉。

2) '…게 하다' 라는 뜻을 나타낸다.

我 〔把桑子〕喊 〈哑了〉。
他 〔把我〕闹 〈糊涂了〉。

그러나, 이 두 가지의 뜻은 다르지 않고, 이들은 모두 주어의 주동성을 강조한다.

036 | '把'자문의 구조적 특징

1) 把자문에서의 동사는 일반적으로 단음절 동사여서는 안되며, 적어도 동사의 중첩식이거나, 앞뒤에 다른 성분이 있어야 된다. 아래 몇가지 경우를 살펴보도록 하자.

(1) 동사뒤에 '了'나 '着'가 붙는 경우

他把水倒了。
我把笔记本留着。

(2) 동사 중첩식

你把桌子擦擦。
大家把屋子收拾收拾。

(3) 동사 앞에 부사 '一'가 있는 경우

他把门一关。
我把牙一咬。

(4) 동사 앞에 '往……', '当……' 등 전목구가 있는 경우
我把行李往旁边挪。

他们把时间当生命看。

(5) 동사 뒤에 보어가 있는 경우

他把头抬得〈高高的〉。
我们把工作做〈好〉。

(6) 동사 뒤에 목적어가 있는 경우

你把书给他。
我把门上了锁。

(7) 동사 앞에 부사어가 있는 경우

他把暖水瓶〔轻轻〕放下。
他把衣服〔随便〕扔。

(8) 동사 뒤에 또 동사가 있는 경우

他把车送去修理。
我们把任务完成了再走。

2) 부정부사와 능원동사는 반드시 '把'자 앞에 놓여야 한다.

你不要把这件事放在心上。
他愿意把书包借给你。

3) 전치사 '把'의 목적어가 가리키는 사물은 의념상 확정된 것이다. 예를
들면, '把书弄了'에서 '书'는 확정된 책을 가리킨다. 목적어 앞에 '一
个' 또는 '个'가 있을 때, 비록 형식상 불확정적인 것이지만, 의념상은
여전히 확정적이다.

他把个好好的工厂给办糟了。

他把一个陌生人带到家里。

4) 把자문에서의 동사는 대부분 목적어를 취할 수 있다. 목적어를 취할
   수 없는 동사,예를 들면, '合作', '让步', '休息' 등은 把자문의 술어로
   쓰일 수 없다. 이밖에, 감각을 나타내는 동사, 예를 들면, '知道', '看
   见', '听见' 등도 把자문에 쓰일 수 없다.

037 │ '被'자문

被자문은 술어 가운데 '被'자를 가지고 있거나 '被'자가 전목구를 구성하여 상황어가 된 일종의 동사 술어문을 가리킨다. 전치사 '被'는 시동자(동작행위의 주체)를 끌어들이고 주어가 수동자(동작행위의 대상)임을 가리키는 역할을 한다.

车被他骑走了。

敌人被我们消灭了。

전치사 '被' 뒤의 목적어 '他', '我们'은 시동자이고, 주어 '车', '敌人'은 수동자이다. 被자문은 당하는 것을 나타내므로 把자문과는 반대이다. 위 예문의 뜻을 把자문을 사용하여 나타낼 수 있다.

他把车骑走了。

我们把敌人消灭了。

把자문과 被자문의 구별은 다음과 같다. 첫째, 把자문의 주어는 시동자이고, 목적어는 수동자이다. 被자문의 주어는 수동자이고, 목적어는 시동자이다. 둘째, 把자문은 주동자를 강조하고, 주어가 수동자를 어떻게 처리하는가를 설명한다. 被자문은 피동을 강조하고, 주어가 당하는 상황을 설명한다.

被자문은 2가지 기본형식이 있는데 한가지는 '被'자가 시동자를 끌어들이는 것이다. '을이 갑에 의해 어떻게 됐다.' 다른 하나는 '被'자가 시동자를 끌어들이지 않는다. '을이 어떻게 당했다.'

　　镜子被他摔坏了。
　　镜子被摔坏了。

被자문은 피동을 표시한다. 그러나 피동의 뜻을 표시하는 문장에 반드시 '被'자가 사용되는 것은 아니다.

　　文章写好了。
　　玻璃擦干净了。

구조적으로 볼 때 被자문 동사는 반드시 목적어를 가질 수 있어야 하며 이음절 이어야 한다.

　　这个特务机关‖已被我们破获。
　　他‖在旧社会经常被人嘲笑。

동사가 단음절일 경우 뒤에 다른 성분이 있어야 한다.

　　票‖被他丢了。
　　他‖被叔叔骂了一顿。

능원동사, 부정부사는 일반적으로 '被'자 앞에 쓰인다.

　　这个模样‖可能被他认出来。
　　这个办法‖没有被他采纳。

038 │ 연동문(连动句)

연결된 두 개 또는 두 개 이상의 동사 또는 동사구로 구성된 동사 술어문을 연동문이라고 부른다. 연동문의 동사 또는 동사구 사이에는 의미상 전후, 목적, 방식 등의 관계가 있다.

1) 동작의 전후, 또는 연속해서 발생함을 표시한다.

我吃过晚饭做作业。

他推开门大踏步走进来。

2) 뒤의 동작은 앞에 동작의 목적을 표시한다.

他上图书馆查资料。

那是留着春节吃的。

3) 앞 동작이 뒤 동작의 방식이나 수단을 표시한다.

他们争着发言。

战士们攀着铁链往上爬。

주의해야 할 것은 때에 따라 같은 형식으로 다른 뜻을 표시할 수 있다는 것이다.

他闭着眼睛想。

　이러한 문장은 동작의 방식(어떻게 생각하는가)을 표시할 수도 있고 동작의 목적(눈을 감고 무엇을 하는가)을 표시할 수도 있다.

　비교적 복잡한 연동문의 술어는 3개 또는 3개 이상의 동사구로 구성될 수도 있다.

　　他倒了杯茶喝了一口継续说。

　　他倒了杯茶喝了一口抹抹嘴継续说。

039 | 겸어문(兼语句)

술어가 동사구(동＋목)와 주술구로 겹치어 구성된 문장을 겸어문이라고 한다. 그 중 동사구의 동사는 사역의 뜻을 표시한다. 예를 들어, '使, 叫, 让, 请, 派, 命令, 禁止' 등이며, 이들의 목적어가 뒤에 오는 주술구의 주어를 겸한다.

老师叫你去。

여기서 '你'는 겸어인데, '叫'의 목적어인 동시에 '去'의 주어이기도 하다. 이 예문으로부터 겸어문의 특징을 발견할 수 있다.

1) 동사는 사역의 의미를 표시한다.

厂长‖请你等 一下。
上级‖派他到基层工作。

2) 동사가 표시하는 행위동작과 주술구의 술어가 표시하는 행위동작은 인과 또는 목적 관계가 있다.

连长‖命令大家休息。

连长이 '명령'했기 때문에 사람들은 비로소 '휴식'한다. 두가지는 인과관계가 있다.

3) 겸어와 그의 술어사이에 어음상 휴지가 있을 수 있다.

医生‖ 嘱咐他 ― 准时吃药。